U0664606

GRAVITARE
万有引力

中世纪的世界

从西罗马帝国的灭亡到都铎王朝的兴起

[英] 安妮塔·贝克　著　　林柏墅　林　英　译

SPM 南方出版传媒　广东人民出版社
·广州·

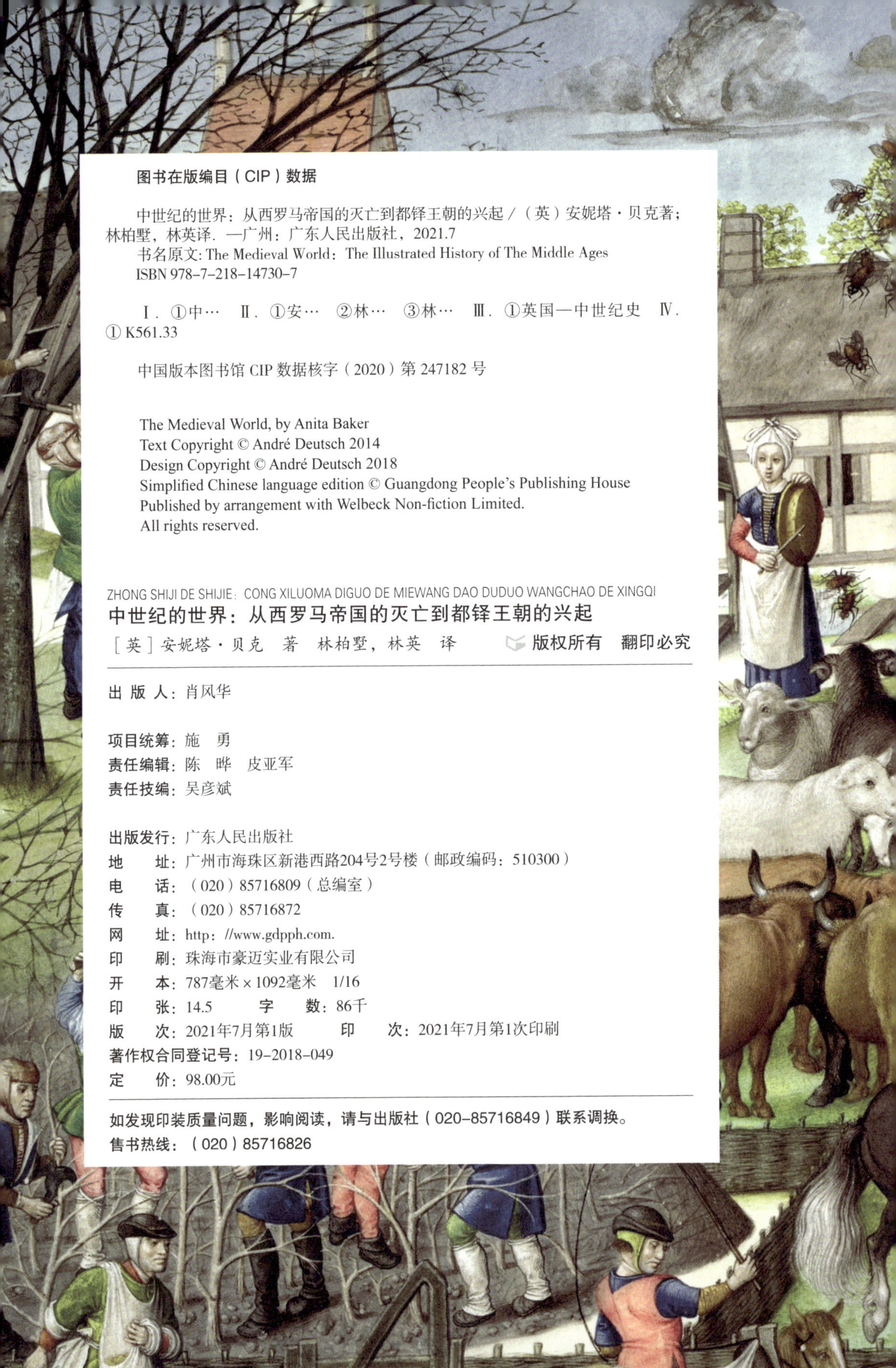

图书在版编目（CIP）数据

中世纪的世界：从西罗马帝国的灭亡到都铎王朝的兴起 /（英）安妮塔·贝克著；林柏墅，林英译. —广州：广东人民出版社，2021.7
书名原文：The Medieval World：The Illustrated History of The Middle Ages
ISBN 978-7-218-14730-7

Ⅰ. ①中… Ⅱ. ①安… ②林… ③林… Ⅲ. ①英国—中世纪史 Ⅳ. ① K561.33

中国版本图书馆 CIP 数据核字（2020）第 247182 号

ZHONG SHIJI DE SHIJIE：CONG XILUOMA DIGUO DE MIEWANG DAO DUDUO WANGCHAO DE XINGQI

中世纪的世界：从西罗马帝国的灭亡到都铎王朝的兴起

［英］安妮塔·贝克 著 林柏墅，林英 译

出 版 人：肖风华

项目统筹：施 勇
责任编辑：陈 晔 皮亚军
责任技编：吴彦斌

出版发行：广东人民出版社
地　　址：广州市海珠区新港西路204号2号楼（邮政编码：510300）
电　　话：（020）85716809（总编室）
传　　真：（020）85716872
网　　址：http：//www.gdpph.com.
印　　刷：珠海市豪迈实业有限公司
开　　本：787毫米 × 1092毫米 1/16
印　　张：14.5 **字　数**：86千
版　　次：2021年7月第1版 **印　次**：2021年7月第1次印刷
著作权合同登记号：19-2018-049
定　　价：98.00元

如发现印装质量问题，影响阅读，请与出版社（020-85716849）联系调换。
售书热线：（020）85716826

目　录

导　言

INTRODUCTION

中世纪开端时的已知世界由我们今天所了解的欧洲、中东以及北非地区组成。通常认为中世纪的起止时间，是从 476 年西罗马帝国灭亡起，直到 1453 年君士坦丁堡被奥斯曼人攻陷，亦即拜占庭帝国的覆亡为止，处于伟大的罗马帝国以及 15、16 世纪的文艺复兴之间。

然而在英国，中世纪的结束一般被划定在了 1485 年，这一年理查三世在博斯沃思战役中战死，都铎王朝由此开始。而这也将会是本书所定义的中世纪的结束时间。

要了解中世纪开端时欧洲的形势，必须要了解是什么导致了伟大的罗马帝国大半领土的陷落。在 395 年，罗马帝国分裂成了东罗马帝国和西罗马帝国，东罗马帝国亦即拜占庭帝国的首都是君士坦丁堡，而拉文纳在 402 年随着帝国宫廷的迁入而成为了西罗马帝国的行政首都。在 5 世纪的早期，西罗马帝国开始走向衰落。它四面受敌，汪达尔人将高卢夷为平地，并一路穿过帝国直抵北非，而西哥特人则在 410 年入侵了意大利并洗劫了罗马城。

东罗马帝国也并非高枕无忧，到了 5 世纪中叶也陷入了与匈人的战争中，匈人的军队最终回到了自己的领地，同时也带走了数量巨大的战利品，所过之处，尽是断壁残垣，罗马军队也成了他们的

001

1177 年 11 月 25 日的蒙吉萨战役，是萨拉丁面对十字军时最为沉重的惨败之一。与麻风国王鲍德温四世并肩作战的圣殿骑士团们，在此战中立下了汗马功劳

手下败将。匈人也没有放过西罗马帝国，他们在 451 年入侵高卢，虽然在沙隆战役中被击退，但这并没有延缓他们。匈人随即越过阿尔卑斯山入侵意大利，将这个已经在饥荒中风雨飘摇的国家的城市逐个摧毁。由于缺乏攻陷罗马城所需要的补给，他们最终再次撤退，身后留下一片焦土。幸运的是，还没来得及谋划更多的进攻，伟大的匈人领袖阿提拉便于 453 年死去，东、西罗马帝国得以免遭更多的匈人侵袭。

然而，阿提拉的死并没有让罗马城变得安全。那时，汪达尔

002
黑斯廷斯战役，发生于1066年10月14日（见下页）

人已经占据了罗马以往在北非以及地中海的领土中的大部，获取了这些领土上的巨大财富。455年，他们以将瓦伦提尼安三世的遗孀从不情愿的婚姻中拯救出来为由，洗劫了罗马城，掠夺了大量的财富，并将她和她的女儿们带走。尽管东、西罗马帝国都曾试图入侵汪达尔人在北非的领土来予以报复打击，然而入侵的舰队不是被擒获，就是被摧毁。在无法重夺失地的情况下，君士坦丁堡在476年与汪达尔人议和。同年，西罗马帝国皇帝罗慕路斯·奥古斯都被废黜，而意大利作为一度辉煌的西罗马帝国硕果仅存的领土，成了东罗马帝国的一部分，由奥多亚克代东罗马帝国皇帝芝诺进行治理。

这就是早期中世纪的开端。西罗马帝国不复存在，而其过去的领土主要落在了一些日耳曼诸部落手上。正如我们所看到的，汪达尔人占据了北非大部，包括主要的贸易城市迦太基，而意大利则由奥多亚克统治。法兰克人控制了北高卢大部、尼德兰以及比利时，盎格鲁人、撒克逊人以及不列颠人则支配着今天的英格兰和威尔士，而在帝国曾经的大陆领土上，东哥特人、图林根人、阿勒曼尼人只不过是诸多统治一方的部族中的一部分而已。

Chapter I

Dynasties and Empires

Chapter I

Dynasties and Empires

第一章

王朝与帝国

“正确的行动胜于知识；但为了做正确的事情，我们必须知道什么是正确的。”

——查理曼（742—814）

中世纪早期的欧洲

萨利克法兰克人过去就居住在罗马帝国境内名为托克桑德里亚的地方，位于今天的荷兰及比利时，斯海尔德河及默兹河之间。

4 世纪中叶，萨利克法兰克人向罗马人投降，并成为其盟友，罗马人接受了他们的投诚条件，允许他们在帝国境内定居下来。在接下来的一百年间，他们逐渐夺取了越来越多的土地，到 476 年，他们的王国已经覆盖了今天的法国北部、尼德兰的托克桑德里亚以及比利时。一些其他法兰克部族同样也控制了这片地区周围的一些领土。

481 年，随着父亲希尔德里克死去，年仅 15 岁的克洛维成为了萨利克法兰克人的国王，并开创了墨洛温王朝。在其统治时期，他打造出了一支纪律严明、秩序井然，并且令人生畏的军队。同时，他成功地统一了法兰克诸部，确立了自己对法兰克人的统治。486 年，他击败了当时统治北高卢苏瓦松一带的罗马将军西阿格里乌斯，这场胜利意味着罗马人已经不再控制西罗马帝国曾经拥有的除意大利之外的任何领土。克洛维随后继续投入到与其他日耳曼诸部落——阿勒曼尼人、勃艮第人以及西哥特人——的战役中，并成功将其领地拓展到了高卢大部分地区。他在 507 年的伏伊耶战役中击败了西哥特人，拜占庭皇帝阿纳斯塔修斯因此授予他高卢的统治权，这进一步扩大了他的领地范围。

003
受到克洛蒂尔德王后的影响，克洛维皈依了天主教。我们能在背景中看到她，正看着克洛维受洗。她因为善行和虔诚而为人所铭记，她还是被收养儿童、流亡人士、寡妇、新娘和父母们的主保圣人

皈依天主教是克洛维一生中最重要的事情之一。跟其他日耳曼国王皈依阿里乌斯教派不同，克洛维在5世纪末选择皈依正统的天主教。他的皈依是受到了妻子勃艮第公主克洛蒂尔德的影响，这一宗教选择意味着法兰克人和居住在法兰克王国的高卢罗马人拥有了相同的信仰，因此避免了困扰着其他日耳曼王国的宗教冲突。这也同样意味着克洛维拥有了大多数臣民的支持，使得他更容易完成接下来的征服。

当克洛维于511年去世后，他的王国被四个儿子瓜分。在接下来的很多年里，王国不断经历着这样的分割。然而，尽管分割之余还饱受两败俱伤的内战的持续折磨，墨洛温王朝仍旧延续到了751年。

在中世纪的早些年间，意大利之王奥多亚克通过吞并达尔马提亚以及入侵位于东北的诺里库姆，扩大了其领土。然而，随着奥多亚克的领土扩张及权力增长，东罗马皇帝芝诺感觉到他已然成为一个太大的威胁，于是他以意大利的王国作为交换条件，要求东哥特人首领狄奥多里克帮他除去奥多亚克。经过意大利北部一场成功的战役后，狄奥多里克围困了奥多亚克的首都拉文纳，奥多亚克在此坚持抵抗东哥特人三年之久。最终在493年，狄奥多里克与奥多亚克达成协议，同意共同统治意大利。但这个联盟好景不长，两周之后狄奥多里克就在自己的宫殿中杀了奥多亚克。讽刺的是，谋杀是在一场庆祝他们结成联盟的宴会上发生的。狄奥多里克从此在意大利独揽大权。

奥多亚克死后，狄奥多里克代罗马皇帝统治意大利。在其统治下的大部分时间里，他对在哥特人身边生活的罗马人实行宽容的政策，双方各自受自己的法律和风俗管制。狄奥多里克希望重建西罗马帝国，因此他试图通过与西部的日耳曼王国联

004

基督普世君王（全能的基督），一幅 11 世纪的马赛克画，位于乌克兰基辅圣索菲亚教堂的主穹顶

姻来寻求盟友，最终未能如愿。但他的这一举动，使得他不再被拜占庭人信任，这一问题以及臣民之间因宗教差异产生的冲突，导致了他的王国在 526 年他死去之时，逐渐走向衰弱。狄奥多里克死后，由他的孙子阿塔拉里克继承王位，王国继续衰落，直到 553 年最终覆灭。

527 年，查士丁尼在其叔父查士丁一世死后成为拜占庭皇帝。这位皇帝受其妻子狄奥多拉的影响很深，在他的许多决策中狄奥多拉都起到了积极的作用，这一点从她在 532 年的举动中可见一斑。这一年君士坦丁堡发生了尼卡起义。起义者不仅要夺取政权，还威胁到了查士丁尼的性命。查士丁尼原本准备带着他的官员逃走，然而在狄奥多拉的劝说下，他最终留下来进行抵抗。在查士丁尼的带领下，他的士兵们镇压了这场起义，消灭了数千名起义者。狄奥多拉通过其对查士丁尼的影响力，拯救了查士丁尼的统治，而她也一直在查士丁尼身边，共治拜占庭帝国，直到548年死去。

005

查士丁尼最为人熟悉的也许就是他的《民法大全》，如今，距离这部法典问世已经过去了1500年，但其中的内容依然影响了欧洲许多至今仍在使用的法律

尽管在他成为皇帝之时拜占庭就已经陷入了与萨珊波斯的战争之中，查士丁尼最希望的事情仍是恢复帝国昔日的辉煌，重夺西部的领土。为了达到这个目的，他在532年与波斯人达成了和约，并将其注意力转向西边。他首先于533年进攻北非的汪达尔人，并将这片领土重新收归帝国治下。

接下来查士丁尼转向了意大利。自从狄奥多里克死后，许多哥特人表现出了反拜占庭情绪，阿里乌斯教派与天主教间的宗教差异也开始发展成暴力冲突。查士丁尼决定要加强控制，为此他在536年发动了入侵。到了540年，他便在意大利建立起了自己的行政机构。然而东哥特人并未被打败，他们在托提拉的领导下入侵了意大利南部,并在接下来的几年间持续北上，直到托提拉有效地统治了整个意大利。但东哥特人的成功并没有维系太久，552年查士丁尼派出大军收复意大利，并在那年的塔吉纳战役以及553年的拉克塔留斯山战役中击败了对手。虽然在接下来的十年里仍然受到了一些抵抗，但拜占庭人最终在562年控制了整个意大利。尽管查士丁尼希望恢复意大利的繁荣，再度见证其兴旺，但意大利已经在常年战火中饱受摧残，没能实现再度繁荣，并且在568年又落入了入侵的伦巴第人手中，此时距离查士丁尼死去只有三年。当查士丁尼着手意大利战争之时，波斯人又在540年卷土重来。五年后的545年，双方就部分边界问题缔结了一个和约，然而真正持久

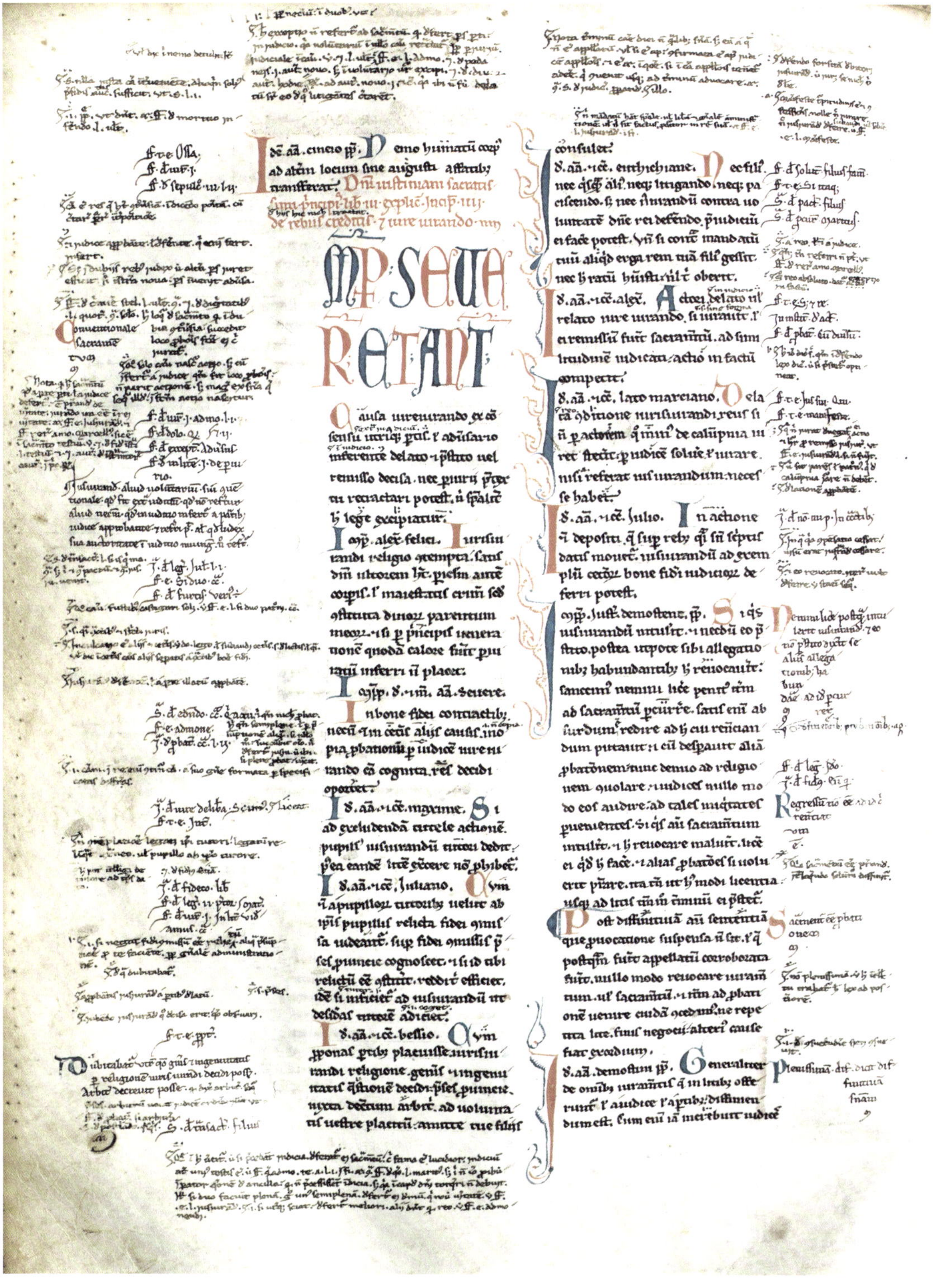

的和约直到 562 年才达成。

查士丁尼的统治将帝国带到了巅峰，但这也并不是无可争议的。他重夺故土的渴望永不知足，这竭尽了帝国的财富，而他为了维持战争实行的重税政策，更招致了臣民们的不满。当他将注意力集中在西边时，帝国的东界边防非常薄弱，整个国家处于非常虚弱的状态，没有能力防御来自东边的侵略。在接下来的几个世纪里，随着伊斯兰教的兴起以及穆斯林入侵，拜占庭帝国急剧衰弱。

然而，查士丁尼并不应该仅仅因战争而被记住。他还是一位伟大的艺术赞助人，并建造了许多建筑，包括教堂、要塞以及水利工程。他最令人印象深刻的杰作无疑是君士坦丁堡的圣索菲亚教堂。这个穹顶教堂在接下来将近一千年的时间里都是世界上最大的教堂，同时也是令人惊叹的巧夺天工之作。

查士丁尼的另一个伟大成就是《民法大全》，又称《查士丁尼法典》。这部法典将数个世纪的法律加以整合，形成了一部完整的民法，也是帝国法律的唯一来源。

这部法典被分成四个部分。第一部分是《查士丁尼法典》，其中包含了所有的帝国宪章，或者说有法律约束力的声明，并剔除了矛盾的或者过时的材料。这项法典汇编工作耗费了十人之力，历时两年。而涵盖了查士丁尼新法律的修订版，直到五年后才颁布。

法典的第二部分是《学说汇纂》。在法学家特里波尼安的监督下，十六位律师负责检查所有经过认可的法学家的作品，这些作品大多数来自 2 世纪至 3 世纪。只要他们认为有价值，哪怕仅仅是一些关于法律的简单意见，也被收录到其中；而所有被认为无法实施的作品都不会被收录。《学说汇纂》在 533

年发布，数量达到了 50 卷。

第三部分《法学阶梯》是面向学习新法的学生的教科书，同样在 533 年发布，其汇编也是在特里波尼安的监督下完成的。

法典的最后一部分是《新律》，内容涵盖了 534 年后查士丁尼发布的新法律。《查士丁尼法典》在中世纪晚期再度获得了新生，现今大多数的西方民法或多或少都以这部再生的罗马法为基础，其影响力也因此一直持续到今天。

加洛林王朝和查理曼

成功阻止了伊斯兰教在西欧扩张浪潮的法兰克宫相查理·马特（“铁锤查理”），被很多人认为是西欧的救世主。

查理·马特是加洛林王朝早期的君主之一。当他掌权的时候墨洛温王室仍旧在王座之上，但他们不过是些权力式微的傀儡国王而已，实权掌控在宫相手上，这些宫相最初是王室内府的主管，也是宫廷事务的管理者。随着时间推移，他们获得了越来越大的影响力，并最终成为王国内真正行使权力的人。他们通过在一系列事务中对国王提出建议，最终控制了政府。在查理的时代有两个宫相，分别掌管王国的东、西两部。查理的父亲丕平二世，是奥斯特拉西亚，也就是东部王国的宫相。丕平二世死后，查理开始掌权并击败了西部的法兰克人，成为了唯一的宫相以及法兰克人的统治者。

查理的儿子卡洛曼和矮子丕平继承了他的统治权。747 年，卡洛曼进入了一个罗马修道院，丕平便成为了唯一的宫相。由于只有教皇才有权罢免当权的家族，丕平向当时的教皇扎加利

006

查理·马特在 732 年的图尔战役中击败了穆斯林军队，延缓了穆斯林对法兰克领土的入侵。他的胜利被认为挽救了西欧，使其免受伊斯兰教的征服

请愿，希望废黜软弱的墨洛温国王，以便夺取王位。丕平的请愿得到准允，他也因此成为了加洛林王朝的第一个法兰克国王。作为对王座的报答，丕平发动了与伦巴第人的战争，伦巴第人此前已经夺取了拉文纳，正准备围攻罗马城。丕平将自己从伦巴第人手中夺取的领土赠予教皇，这些领土，包括拉文纳在内，成为了教皇国的开端，教皇从此具有独立主权。

007

771 年，查理曼与他的伦巴第人妻子断绝关系，随后继续入侵他的前岳父德西迪里国王的伦巴第土地。在 774 年击败了德西迪里后，查理曼自封为伦巴第国王

768 年，丕平死去，他的王国被划分给了他的两个儿子：卡洛曼一世，以及——也许是所有法兰克人中最知名的——查理曼。卡洛曼在 771 年死去，他有两个儿子，但查理曼吞并了他的领土，成为了法兰克的唯一统治者。查理曼是一个真正的战士国王，他的统治充斥着战争。773 年，在教皇阿德里安一世的请求下，他发动了与伦巴第人的战争，并于次年凯旋。在这次战争中，他吞并了北意大利，将其变为法兰克帝国的一部分，而他则成为了伦巴第人的新国王。778 年，他入侵西班牙，并试图夺取萨拉戈萨城，这场战争因为法国诗歌《罗兰之歌》

008
传说中的查理曼十二圣骑士，在各种关于查理曼的武功之歌和浪漫小说中，扮演着将军和保镖的角色。其中最著名的圣骑士是罗兰，他因《罗兰之歌》而出名

而成为不朽。诗歌跟现实多少有些不同，在诗歌中查理曼是胜利者，然而现实与之相反，查理曼被巴斯克人击败，最终回到了自己的王国。

788 年，查理曼吞并了巴伐利亚，迫使其统治者塔西洛进入修道院。在其统治后期，他在西班牙与摩尔人，在南意大利与萨拉森人作战，占领了撒丁岛、科西嘉岛以及巴利阿里群岛。他又到东南部跟阿瓦尔人作战，为其王国索取了巨额的战利品；

009
查理曼担心摩尔人对法兰克南部的土地构成威胁，于778年入侵了西班牙。他成功将潘普洛纳夷为平地——正如这幅14世纪手稿插图所展示的那样——还在其他一些城镇造成了严重破坏，然而在他收兵返回时，殿后部队却被巴斯克人的军队所歼灭，这使得他的胜利黯然失色

斯拉夫人也向他投降，并成为其盟友。

在所有这些战役发生的同时，查理曼还在跟萨克森人进行着艰苦而漫长的战争，这场战争有着双重目的。查理曼不仅希望将萨克森人的土地纳入到法兰克王国，他还希望能够使这些萨克森异教徒们皈依天主教，如果必要的话他也会采取强制手段。这场极端残忍的战争始于772年，查理曼制定了法律，将

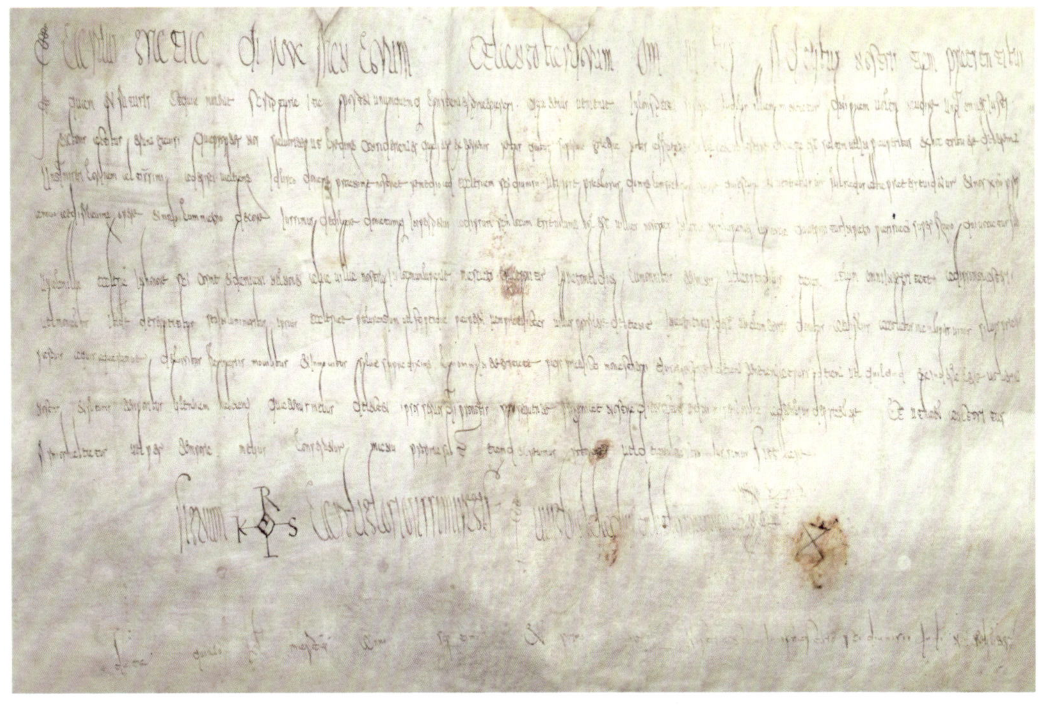

异教信仰定为死罪，曾经有一次下令屠杀了 4500 名异教徒。在断断续续的和平之中，这场战争最终持续了 32 年。到 804 年战争结束之时，萨克森人已然宣布放弃他们的异教信仰并接受了天主教，而他们的领土也被吸收进法兰克王国。

010

777 年 1 月 7 日由法兰克国王、罗马人的皇帝查理曼发布的宪章，该宪章将哈默尔堡、埃森巴赫、迪巴赫以及埃尔福特的皇家领地授予富尔达修道院。这座修道院是 744 年由圣卜尼法斯建立的

这场针对萨克森人的战争，实际上是一场宗教战争，尽管对其迫使这些萨克森人改宗的方式存在批评，查理曼最终还是获得了教会的认可。查理曼是一个非常虔诚的信徒，当教皇利奥三世被罗马人反对并废黜之时，也正是查理曼前往进行保护。利奥三世重归教皇宝座后，很快就将查理曼加冕为“罗马人的皇帝”，这一天是 800 年的圣诞节，查理曼从此成为了罗马的守护者。

查理曼不仅是一名战士，还是一位外交家。除了武力手段，

011
查理曼负责在他的土地上重组货币体系，其中一个变化是引入了半第纳尔。这个索里达是一个罕见的例子，展示了查理曼的肖像

他同样擅长使用外交手段来维持其王国的地位和边界，并与许多近邻建立了盟友关系。他引入了许多政治改革，催生了加洛林文艺复兴的出现。他非常强调教育，在他的主要权力中心亚琛建立了皇家图书馆、宫廷学校和缮写室。也就是在缮写室，一套新的书写系统得以发展，手稿从此更容易阅读以及复制。宫廷学校是整个王国许多修道院学校的模范——查理曼在 789 年下令所有的修道院都要有一所学校，以便男孩们能接受教育。在查理曼治下，文学、艺术和建筑繁荣兴旺，同时他对法兰克王国吸收融合其他国家文化的过程起到了重要作用。

维系查理曼帝国这样的国家，需要一位强力的领袖。随着查理曼在 814 年死去，帝国就失去了一位强力的领袖。由于法兰克的传统，领土将被他的儿子们分割，因此这个宏伟的法兰克王国并没有维系多长的时间就分裂瓦解，到了 9 世纪晚期，加洛林王室的权力一去不返。然而，查理曼的遗产——天主教在欧洲的扩张以及将欧洲联合在一个共同的宗教和政治实践下的思想，都得以保留。

十世纪的欧洲

在 10 世纪的开端，欧洲正处于中世纪的最低谷。维京人恣意洗劫破坏，政治的剧变和冲突折磨着整个大陆。然而，10 世纪也是一个重生的世纪，此时新的王朝纷纷建立，各个政权又再度巩固。

在伊比利亚半岛，阿卜杜·拉赫曼三世，这个地区的埃米尔，在 929 年建立了科尔多瓦哈里发国。在压制了南边的法蒂玛王朝以及北边的基督教入侵后，拉赫曼统治了这个繁盛的王国。纵观整个 10 世纪，哈里发国都很繁荣，它的工业和农业重获新生，而贸易也在整个地中海甚至地中海以外的地区欣欣向荣。大清真寺——最初由科尔多瓦酋长国的创立者阿卜杜勒·拉赫曼一世建立于 8 世纪 80 年代——也在这一时期得到扩建和改进，伴随着一个巨大的图书馆在科尔多瓦建成，其文化也得到繁荣发展。然而哈里发国的繁荣并没有持续下去，由于缺少强有力的哈里发，它在 11 世纪早期的几十年间，陷入了动荡不安之中，民众起义不断，最终在 1031 年瓦解。

10 世纪的法兰克王国已然不复曾经的强大。现在被称为诺曼底的那片土地，在 911 年割让给了罗洛率领的维京侵略者，

012
987年，于格·卡佩在法国北部的努瓦永加冕。他创立的卡佩王朝统治了法国超过300年，他的后代坐拥王位超过800年，尽管其中发生了一些中断

罗洛在此建立了诺曼底公国。东部的法兰克领土则由德国的奥托王朝统治，勃艮第公国已经几乎成为自治体，而布列塔尼也彻底独立。加洛林王室仍旧在王座之上，但他们不过是虚弱而有名无实的领袖。直到987年，于格·卡佩被选为法兰克人的国王，一位强有力的领导坐在了王位上，加洛林王室被永久地从权力的游戏中逐出。由于格·卡佩开创的卡佩王朝统治法国超过300年，在接下来的数个世纪，于格·卡佩的后代逐渐扩大了法国的规模和权力。

在10世纪，德国的实力要比他的法兰克邻居更强。918年，

东法兰克帝国的日耳曼部落选举了萨克森公爵亨利一世作为他们的国王。他是一位强有力的领导者，其功勋包括与921年入侵的匈牙利马扎尔人达成和约，而在933年和约破裂后，他在里阿德之战中击败了马扎尔人。此外，他还镇压了东边的斯拉夫人。936年亨利一世死去，他的儿子奥托一世继任，奥托一世在继任之初就镇压了许多公爵发动的叛乱，这些公爵统治了不同的日耳曼部落以及领土。在他获胜之后，奥托马上跟其中主要的日耳曼公国进行联姻，以便更好地掌控他们。而通过从斯拉夫人手中牟利、征服波西米亚、击败马扎尔人以及入侵意大利等一系列手段，他迫使这些国家臣服于自己，强化并扩大

013

亨利一世在933年的里阿德战役中击败了马扎尔人，终结了他们在德国乡村的破坏性洗劫

014
教皇约翰十二世为奥托一世加冕。奥托一世成为神圣罗马帝国皇帝后，却将约翰及其后继者教皇本笃五世双双废黜

了他的统治。962 年，教皇约翰十二世为其加冕，他成为新的神圣罗马皇帝，以及教皇国的保护者。教皇国此前被意大利贵族伊夫雷亚的贝伦加尔入侵，奥托很快便重夺教皇国，而当教皇约翰转而反对自己的时候，奥托废黜了他，继而又将其继任者教皇本笃五世废黜。罗马城的人民被迫允诺在没有皇帝的许可下不得投票给另一个教皇，奥托由此获得了更多的权力。奥托在 973 年死去，他的儿子奥托二世继位。在他的统治下，奥托一世的帝国伟业继续得到加强，在一个不稳定的世界里使帝国成为了一股稳定的力量。

权力的更迭在东方同样发生着。在 9 世纪末，保加尔人在领袖西蒙一世的统治下扩大了保加尔帝国的疆域，文化上也呈

015

962 年，奥托一世被加冕为神圣罗马帝国皇帝。这个为他加冕礼而制作的皇冠镶嵌着宝石和珍珠，作为皇冠一直用到了 1806 年神圣罗马帝国灭亡

现繁荣的局面。尽管在西蒙父亲的统治时期，保加尔人与拜占庭帝国处于较为和平的状态，但当保加尔帝国与拜占庭的贸易出现问题时，西蒙还是发动了侵略。拜占庭人试图通过与保加尔帝国北边的马扎尔人达成协定来阻止这场侵略，而马扎尔人也确实让西蒙的注意力暂时转移。但马扎尔人最终被击败，西蒙再度率军南下。从 10 世纪早期一直到 927 年西蒙死去，保加尔人一直与拜占庭人断断续续地发生冲突，拜占庭人在这个过程中割让了大量的领土给保加尔人。随着西蒙死去，双方再度建立了和平。彼得一世，这位新的保加尔领袖迎娶了拜占庭皇帝的女儿。这份和平维持了将近 40 年，直到双方再次重燃战火。在 1014 年，拜占庭人取得了最终的胜利，而保加尔人的领土成为了拜占庭帝国的一部分。

016

埃塞尔雷德二世，通常被称为仓促王埃塞尔雷德

在这一时期，除去一部分区域仍在维京人控制下之外，英格兰有史以来第一次联合在了一位盎格鲁－撒克逊国王统治之下。然而，到了 10 世纪末，这一联合受到了威胁，此时埃塞尔雷德二世成为国王，他更为人所知的名字是“仓促王（还没准备好的）埃塞尔雷德”。在他长达 38 年的统治中，维京人夺走了越来越多的领土，而英格兰再一次成为了血腥的战场（见本书 141—147 页）。

进入新的千禧年，新的王国已经形成，旧的王国或正在衰退，或已经消失。随着欧洲大部分国家的基督教化，教皇获取了越来越多的权力，而封建制度在整个大陆盛行，中世纪的盛期也随之到来。

英格兰安茹王朝诸王

017

在《圣奥尔本斯编年史》中呈现的圣托马斯·贝克特谋杀案。尽管这场谋杀是一场由误解导致的悲剧，但不可否认的是此事使得亨利得以摆脱这位“躁动的牧师”

在亨利二世于1154年继斯蒂芬之位成为英格兰国王前，他就已经是诺曼底公爵、阿基坦公爵——与阿基坦的埃莉诺的婚姻，为他带来了埃莉诺在法国西南部广阔而富裕的领地——他同时还是安茹、缅因和都兰的伯爵。

他最早的成就之一是收复了此前斯蒂芬在位时被苏格兰人夺去的英格兰北部领地。随后在1166年他征服了布列塔尼，这次征服将他统治的领地范围从诺曼底北部扩展到比利牛斯山脉以及苏格兰边界。这片广阔的领地带来了巨大的财富，让亨利成为欧洲最富有的人之一。

在其统治期间，亨利不仅扩张了他的领土，还证明了自己是一位有能力的统治者和政治家——也许并不是受欢迎的。他恢复了英格兰的秩序，一扫此前斯蒂芬时期日渐混乱的政局，并改革了司法系统。尽管他取得了这么多的成功，但他的统治中最为人所知的是另一件事——托马斯·贝克特谋杀案。贝克特是坎特伯雷的大主教，而他似乎处处都在反对亨利。贝克特曾被放逐到欧洲大陆，当他从放逐中回到英格兰时，贝克特又再次开始生出事端，事情变得严重起来。听说了这件事情，亨利说出了那句永载史册的话：“就没有人能够帮我摆脱这个胡闹的教士吗？”亨利手下四名忠诚的骑士将他的话记在了心里，转身向贝克特飞驰而去。1170年12月29日这一天，他们在大教堂将贝克特杀害。然而，杀害贝克特实际上并未动摇亨利的统治，真正在其统治期间造成危害的是他的儿子们，他们的叛乱摧毁了亨利晚年的统治，亨利心中千疮百孔，最终在1189

年死去。

亨利的继承者是他存活下来的儿子中最年长的一位——狮心王理查，他成为了英格兰的理查一世。理查继承了除去布列塔尼和爱尔兰以外亨利所有的领地，布列塔尼落入了他的弟弟杰弗里之子亚瑟手上，而爱尔兰与一些次要的领土则落入了他另一个弟弟约翰手中。然而理查并没有在他的新领土上巡视多久。1190 年 6 月，他参加了十字军东征，直到 1194 年才再次回到英格兰。他本应该在一年前就回到英格兰，却在归途被俘虏，成为了神圣罗马帝国皇帝亨利六世的阶下囚。他在支付了一笔款项——更直白地说就是国王的赎金——后才获得释放，赎金总计达到 10 万马克之巨，是亨利索取赎金的三分之二。

当理查身陷牢笼之时，法国的腓力二世乘人之危，占据了理查在法国的许多领地，后者不得不耗费五年时间打仗夺回这些土地。他的用心经营获得了成功，几乎收复了所有失去的领地。1199 年 3 月，前来镇压叛乱的理查在围攻沙露堡时受伤，数周之后便不治身亡。这位伟大的战士在基督教圣地艰苦的战争中生存下来，又熬过了德国的牢狱之灾，最终却在自己的领地上命丧于一支十字弩射出的箭。

理查一死，他的土地就被瓜分，他的弟弟约翰继承了英格兰和诺曼底，他的侄子亚瑟继承了布列塔尼、安茹、缅因和都兰，约翰的母亲埃莉诺代替他统治阿基坦。到了 1200 年，约翰占据了亚瑟所有的领土，然而作为对腓力二世认可他占有这些土地的回报，他不得不将一些土地割让出去。但是，约翰并没能享受这些领土多久。他与昂古莱姆的伊莎贝拉结婚，为了这桩婚姻伊莎贝拉遗弃了原来的未婚夫，这位未婚夫转而求助于法国国王腓力二世。腓力二世做出回应，没收了约翰在法国所有

018

1215年发布的《大宪章》是英格兰国王约翰的臣属们为了限制其王权而作。《大宪章》成为了英格兰立宪法治建设的重要组成部分

的领地，这些领地严格意义上是法国君主治下的领地。接下来发生的战争，则以约翰失去他在欧陆的领地并经海峡撤回英格兰而告终。

约翰立志要夺回他失去的土地。为此他发起了在后来酿成大祸的重税政策来筹集军费，此外他还跟教会发生争吵，并在1209年被逐出教会。从1208年开始，在教皇的命令下，整个英格兰所有的礼拜仪式都被停止。约翰对此的回应则是夺取了教会的领地和他们的税收，据为己有。这样的情形一直持续到1213年，约翰同意成为教皇的封臣并交纳贡金，事情才告一段落。约翰的举动使其成为了一名非常不受欢迎的统治者。1214年，他做出进一步尝试，希望夺回自己在欧陆的土地所有权，

019
1215年6月15日，约翰签署了《大宪章》

但也以失败告终，而这成为压垮他那些心存不满的臣属的最后一根稻草。在1215年6月，臣属于他的男爵们起兵造反，约翰被迫接受了他们提出的条款，保证了他们特定的自由和一些法定权利。他在泰晤士河的兰尼米德岛上签署了一份文件，又被称为男爵法案，在法案上列出了这些条款。这份文件经历了多次修订，最终于6月形成正式文件，并被抄写分发到整个英格兰。正是这份文件，最终成为众所周知的《大宪章》。

然而，约翰并无意遵从宪章上的条款，他那些桀骜不驯的男爵们便与腓力二世之子路易结成联盟。路易于1216年入侵英格兰，内战随之而来，直到约翰在1216年10月死后内战仍在持续，战争最终在1217年12月结束，《兰贝斯条约》的签订，为英格兰开拓了一个和平的时代。

意大利城邦

在10世纪，意大利王国（也就是今天的意大利北部）成为神圣罗马帝国的一个诸侯国。意大利北部城市的运转方式跟欧洲其他的地方都不一样——作为神圣罗马帝国的一部分，他们大多都是自治的。这些城邦都是国际舞台上强有力的参与者，这很大程度上归功于他们的商业活动。

020
《加泰罗尼亚地图集》是中世纪意义最重大的地图册，目前保存于法国的国家图书馆。书中这幅地图还在城市的插图中标出了它们的宗教信仰，重要港口的名字以红色书写
（见下页）

然而，神圣罗马帝国皇帝腓特烈一世试图将他的权威加诸于这些城邦之上，并向这些意大利公民征税。这些城市予以回应，他们在1167年成立了伦巴第同盟，这个联盟包括威尼斯、帕多瓦和米兰在内，最终达到了20个城市。联盟在1176年的莱尼亚诺战役中取得了对皇帝腓特烈一世的胜利，迫使他最终

TARSSIA
REY DEL TAURIS
LO REY DELLI

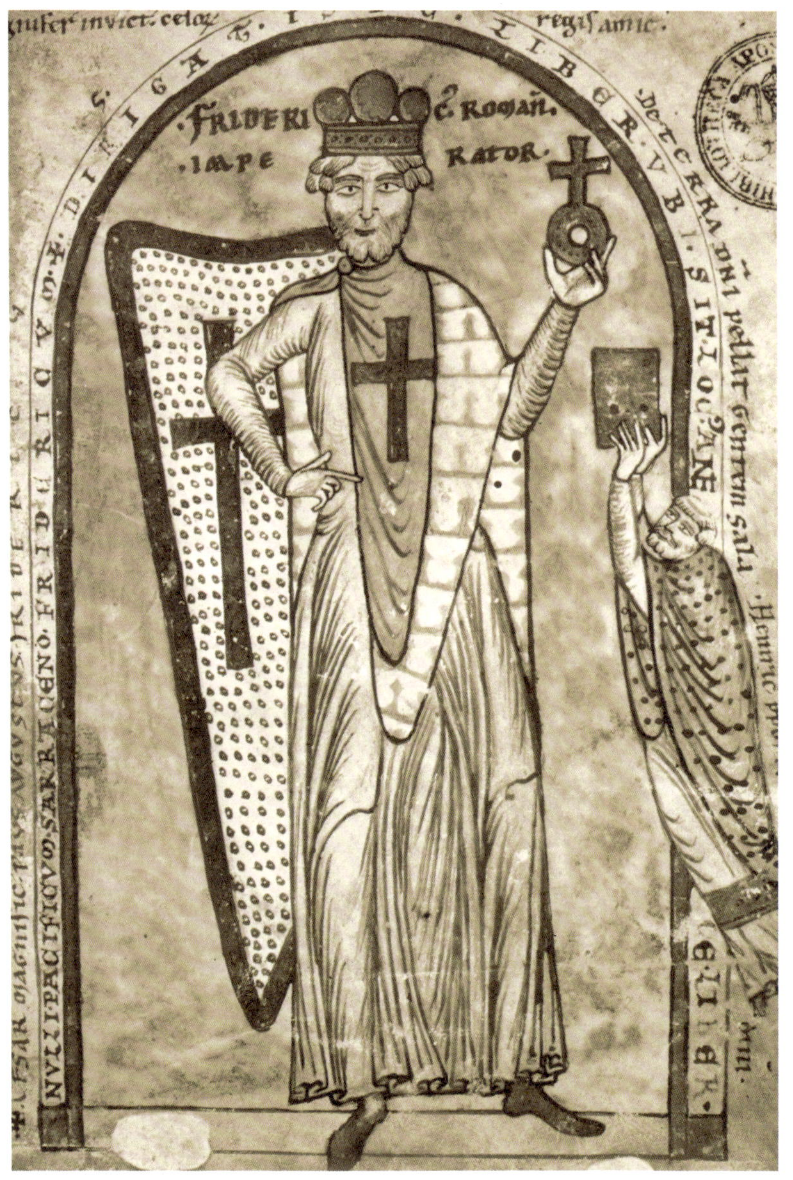

021
一部13世纪的编年史中所描绘的神圣罗马帝国皇帝腓特烈一世（巴巴罗萨）

同意了《康斯坦斯和约》。根据和约，这些城市在忠于帝国的同时，也将保留政治和财政上的自由。

在伦巴第同盟形成的时候，很多意大利城市，诸如威尼斯、

022

1176年5月29日打响的莱尼亚诺战役，是伦巴第同盟所取得的一场决定性的胜利，摧毁了弗里德里希对伦巴第的统治。伦巴第同盟的胜利可以归结为他们庞大的军队以及步兵和骑兵战术的配合

023

《莱尼亚诺战役》，由马西莫·达则格里奥于1831年绘制。这场战役是皇帝腓特烈一世第五次对抗伦巴第同盟的大战中的一部分

（见下页）

比萨和热那亚，都已经是繁荣的沿海共和政体了，这些共和政体建造了用于运输和打仗的舰队。十字军东征给了他们向十字军出售补给品以及提供海上运输的机会，更重要的是，他们开启了新的贸易航路并且扩展了原有的航路。他们在圣地建立了贸易市镇，进一步增加了贸易机会。到了13世纪末，这些意大利城邦已经建立了贸易垄断，尤其是在东部的贸易中。他们的贸易航路将他们带到了整个地中海并且进入到伊斯兰世界，甚至远达蒙古帝国。随着意大利成为与东方国家之间的主要商品交换地，它也发展成为国际贸易的中心，而其中的一些城邦，比如威尼斯，成为整个欧洲最富有的城邦之一。

到了13世纪中期，伦巴第同盟四分五裂。在1250年，他们最后的对手，神圣罗马帝国皇帝腓特烈二世死去，如同他的祖父腓特烈一世那样，他也曾经尝试过将帝王威权加诸于北意大利。随着他的死去，同盟就没有存在的必要了，没有一个共

HANC QUAM VIDETIS
DESCRIPSIT DELINEAVITQUE
SIVE DE BELLO DICTUS
TERRARUM ORBIS TABULAM
RICARDUS DE HALDINGHAM
A.S. CIRCA M.C.C.C.

024
这是现存最大的中世纪地图，大约可追溯到1285年，图上显示由哈尔丁汉姆和拉福德的理查德所签署。地图上能看到420个城镇、圣经中的15个事件、33只动物、32个人以及5个对古典神话的描绘。位于地图中央的是耶路撒冷，东方在地图的顶部，而欧洲在地图底部的左方，非洲出现在底部右方，伊甸园则位于地图边缘上的一个圈内

同的敌人将这些意大利城邦联结在一起，它们便开始了相互竞争。不同的城邦之间不断地在合作和冲突之间转换——几乎在伦巴第同盟解散的第一时间，威尼斯和热那亚就陷入了与对方的战争之中。

这些城邦相互敌对，还经常因内部矛盾而四分五裂。城邦内的不同派系，通常基于家庭纽带，也经常被卷入到权力斗争和家族世仇中，这破坏了城邦作为一个整体的力量。这些内部权力斗争导致了14世纪大多数城邦由“西格诺里”统治的局面。城邦由一个领主所统治的政府来管理，这个领主就被称为西格诺里，他们通常是因为其人格力量、维持法律和秩序的能力而被选到这个职位上的。随着时间演变，各个城邦的西格诺里扩大了他们的权力并使西格诺里成为一个世袭职位，有时候甚至会买一个世袭头衔，诸如公爵爵位来进一步巩固他们的权力。在15世纪上半叶，意大利几乎一直都处于冲突之中。米兰和佛罗伦萨等一些强大城邦的西格诺里，通过占据更弱小的城邦来扩张自己的领地，为此他们经常聘请雇佣兵，随同他们自己的军队来服务于这些数不清的战争。

米兰是那个时代的一个主角。在14世纪晚期，佛罗伦萨与米兰之间的一连串战争中的首战爆发了。米兰的领土征服使佛罗伦萨感受到了威胁，这是有充分理由的——在1402年，米兰占据的领土已经把佛罗伦萨完全包围了起来。而米兰的下一个目标是否就是佛罗伦萨仍是一个未知数，因为吉恩·格里斯·维斯孔蒂，这位极具领导才华且无情的米兰西格诺里，在1402年死去，而他软弱的儿子并没有能力继续进行这些征服。然而在1412年，吉恩的另一个儿子成为了西格诺里，他收复了在其兄弟手上所失去的那些领土后，重新引发了米兰与佛罗伦萨的冲突，而此

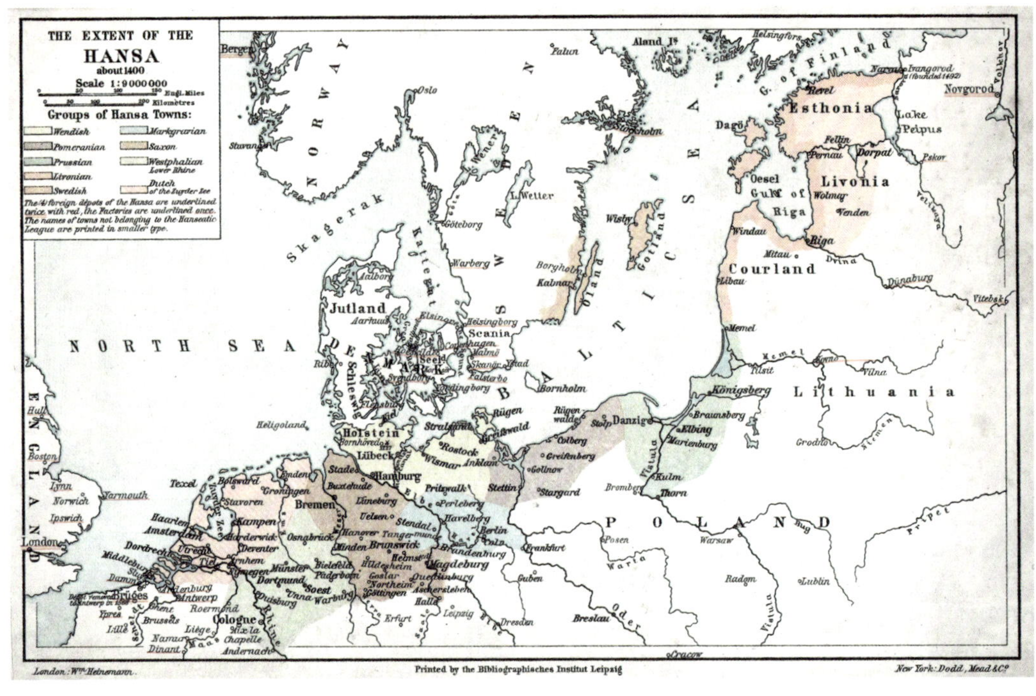

025

一幅展示了1400年左右汉萨同盟覆盖范围的地图

时的佛罗伦萨已经是威尼斯的盟友了。

在15世纪，威尼斯也决定在陆地上进行扩张，与佛罗伦萨的联盟有助于自己的扩张，威尼斯得以统治一片广阔且有利可图的沃土，这片地区又被称为威尼托。然而，这个联盟并没有维持太久，到了15世纪中期，佛罗伦萨转而与米兰结盟，这种改变盟友的做法在这些心事重重的城邦领袖之中是具有代表性的，对他们来说利益高于一切。

在1454年，米兰、佛罗伦萨、那不勒斯、威尼斯和教皇国结成联盟，这就是所谓的《洛迪和约》。这个和约旨在维持力量的平衡并且为各个成员提供防御，和约开启了一个更加和平的时代，尽管城邦之间仍旧存在着冲突。

意大利城邦并不是中世纪仅有的强大商业体，在德国北部形成的另一个强大贸易联盟影响了北欧贸易达数个世纪之久。在 13 世纪早期，德国北部的贸易商已经习惯于结伴同行来跟海盗土匪进行战斗，在 13 世纪中期这些非正式的结盟开始变成正式协会。到了 13 世纪晚期德国北部的城市和市镇形成了汉萨同盟。这个同盟并不仅仅是为了保护他们的商人，也是为了控制北欧的贸易。为了达到这个目的，汉萨同盟横跨北欧，在诸如布鲁日和伦敦这些地方建立了常驻的贸易中心，并开始垄断贸易。在接下来的整个世纪，汉萨同盟变得越来越强大。通过贿赂外国领导人，它保护了自己的贸易利益，当这个手段没能奏效时，同盟也不排除运输禁运品牟利甚或发动战争来保护其利益。汉萨同盟一度很强大，直到中世纪末期才开始衰落，衰落主要是因为来自其他国家与日俱增的竞争，汉萨同盟的最后一次正式会议是在 1669 年举行。

美第奇家族在将近 300 年里都是佛罗伦萨的统治者，尽管他们最初是农民出身，但到了 14 世纪时已经跻身佛罗伦萨的精英阶层。乔凡尼・迪・比奇・德・美第奇被认为是第一个杰出的美第奇家族成员，他成立了美第奇银行，这给他带来了巨额的财富并传给了他的儿子们。他的儿子科西莫在 1434 年成为了佛罗伦萨的统治者，从那时起美第奇家族就成为了城邦的世袭元首。作为佛罗伦萨最强大的家族，美第奇获得了巨大的财富和极高的地位。美第奇家族的成员纷纷成为教皇、皇室成员以及伟大的政治家。一些家族成员，诸如洛伦佐・德・美第奇，是艺术的大赞助者，资助了像达・芬奇和波提切利这样的艺术家。然而他们的特权生活还有另一面，美第奇家族生活在一个充满了腐败、政治阴谋和危险的时代，敌对的派系力图削弱他们的权力，并暗中谋划对抗美第奇家族，其间有过多次暗杀的

026

乔凡尼·迪·比奇·德·美第奇生于贫寒之家，然而，由于他的商业敏锐，在他去世的时候已经成为了佛罗伦萨最富有的居民之一。正是他的财富使得美第奇家族能够变得如此强大

企图，有一些取得了成功，美第奇家族还被放逐过两次。尽管对手们做出了多番努力，但美第奇家族还是维持到 18 世纪才陷于倾覆。

奥斯曼帝国的崛起

起源于安纳托利亚的奥斯曼帝国曾是世界上最强大的帝国之一。突厥部落在12世纪从拜占庭帝国手中夺取了安纳托利亚

027
奥斯曼一世，奥斯曼帝国的创立者

的东部和中部地区，而他们自己又在13世纪被蒙古人入侵，失去了他们所占据的安纳托利亚东部的大部分地区。到了13世纪末，突厥人仅存的安纳托利亚领土已经发展成了一些自治公国，而这些公国中有一个位处拜占庭帝国的边界，由奥斯曼一世（也正是奥斯曼帝国名称的来源）所统治。

14 世纪，奥斯曼希望扩张他的伊斯兰国家领土，而他的目标正是信奉基督教的拜占庭。奥斯曼跟他的继承者们，奥尔汗和穆拉德一世，不仅征服了安纳托利亚西部，还将东南欧的拜占庭领土收入囊中。克里米亚的加利波利半岛是入侵欧洲的桥头堡，在 1354 年被奥斯曼攻克。1361 年，拜占庭城市阿德里安堡被征服，并成为奥斯曼帝国的新首都，它被改名为埃迪尔内，由于其所处的位置，这座具备战略意义的城市完美地符合向北侵略的目的。

奥尔汗的儿子穆拉德一世则负责入侵巴尔干半岛，他在 14 世纪 80 年代征服了保加利亚和塞尔维亚的大部。1389 年，穆拉德在科索沃战役中死去后，其子巴耶塞特一世被迫离开欧洲返回安纳托利亚去处理那里所面临的威胁。在镇压了安纳托利亚的一场叛乱后，他又面临着巴尔干的另一场叛乱，在解决了这次叛乱后，他又需要克服下一个难题——匈牙利组织了一场针对他的十字军东征。他在尼科波利斯战役中取得了决定性的胜利，这挽救了他在欧洲的地位。奥斯曼帝国看似不可阻挡，然而，欧洲还是从奥斯曼帝国的不断侵犯中找到了一些喘息之机。在 1402 年，伟大的突厥征服者帖木儿，这位征服了中亚大部分地区并建立了帖木儿王朝的君主，入侵了安纳托利亚，他击败了巴耶塞特的军队并将其生擒，巴耶塞特在被囚禁时死去。

帖木儿并没有保留安纳托利亚，他将这片土地分给了那些在对抗奥斯曼人时立下汗马功劳的突厥人。从 1402 到 1413 年，巴耶塞特的四个儿子在奥斯曼帝国剩余的土地上争夺统治权，最终成功的是穆罕默德一世，他和他的儿子穆拉德二世一起，继续扩张他们的领土。在他们的共同努力下，他们夺回了巴耶塞特战败时失去的大多数土地，并且还在此基础上有所增加。1423 年，由于威尼斯希望从奥斯曼帝国的扩张中保下自己的贸易航路，穆拉德二世与威尼斯开战。1432 年，威尼斯人被迫与奥斯曼人议和，他们同意停止抵抗奥斯曼帝国，作为交换，他们的商业权力得到了保障。

1444 年，另一场针对奥斯曼帝国的十字军东征发动了，然而，这场东征最终以十字军们在瓦尔纳被击溃而告终。穆拉德二世的儿子，穆罕默德二世在 1451 年成为苏丹，如同此前的苏丹那样，他也热衷于扩张版图，他的第一个目标就是拜占庭权力的宝座和筑起高墙的君士坦丁堡，拜占庭帝国自此不复存在。穆罕默德将其夺下的这座城市更名为伊斯坦布尔，并在此建立起了奥斯曼帝国的新首都。他将城市中的许多教堂，包括宏伟的圣索菲亚教堂在内，都改成了清真寺，并且建造了一座奥斯曼苏丹的新宫殿。

在其力量顶峰之时，也就是 15、16 世纪，奥斯曼帝国强大到难以置信。它的版图囊括了东南欧、中东以及北非地区一片巨大的区域，尽管在接下来的几个世纪中不断地被削弱，奥斯曼帝国还是存在了超过 600 年之久，直到 1922 年彻底覆灭。

奥斯曼帝国取得成功的一个重要原因是它的德夫希尔梅制度，在这个制度下，来自被征服区域（主要是巴尔干地区）8—20 岁的非穆斯林青年，在被选中后会离开他的家庭，为苏丹服务，这些男孩们的征召大约每五年进行一次，而那些独子家庭、来自大城市的居民以及犹太人则可以得到豁免。尽管这个孩子可能再也见不到自己的家人，仍有许多父母希望自己的孩子被选上，因为这意味着充满机遇的世界向他们展开了怀抱。这些男孩会皈依伊斯兰教并接受教育和训练，根据他们的能力，将走上行政、宗教和军事的岗位，而其中最出色的将会出现在苏丹的宫殿之上，他们在此注定成就伟大的事业，足智多谋者将在政府中平步青云。那些加入了步兵团的则成为了所谓的禁卫军。早期的禁卫军都是在战争中俘获的奴隶，然而到了 15 世纪，禁卫军就开始使用德夫希尔梅制度进行征召。他们被训练为精英部队，恪守军规且忠于苏丹。在穆拉德二世和穆罕默德二世时期，由德夫希尔梅制度选中的人获得了不断增长的权力，征服的土地成为授予他们的赏赐，而这样的赏赐又进一步鼓励他们不断去征服。他们最终成为帝国中最有权势的人物，甚至挤走了那些突厥精英阶层。德夫希尔梅制度在 16 世纪开始衰落，直到 17 世纪正式停用。

028

1453 年，苏丹穆罕默德二世围攻君士坦丁堡，君士坦丁堡守军英勇地抵抗他那极为强大的部队，坚持了将近两个月。然而奥斯曼军队攻城车的不断撞击严重损毁了城墙，最终，守军再也无力防卫这些缺口，君士坦丁堡沦陷，标志着曾经伟大的拜占庭帝国的终结

Chapter II Daily Life

第二章

中世纪的日常生活

“身体的养料是食物，而灵魂的养料是喂养别人。”

——阿里·伊本·艾比·塔利卜（601—661）

封建制度

封建制度是中世纪盛期所流行的一种社会制度，早在查理·马特时代，欧洲大陆就已经有一些区域出现了这一制度的雏形，而这个制度的改进也得益于查理·马特。

征服者威廉将封建制度带到了英格兰，因为这个制度是统治一片被征服领土的理想形式，也是他所习惯的一种社会组织形式，因为诺曼人本身就处在封建社会下。

封建制度的运作基于一个非常简单的前提——授予土地来换取服务。领地的统治者，诸如国王或是领主，将会拥有所有的土地。他会保留一部分土地，并将一部分土地授予他的封臣们，作为回报，这些封臣们会履行他们对统治者的义务——通常是军事性质的。要想成为一个封臣，土地的接收者需要做出神圣的誓言，许诺忠诚并且向授予土地的统治者表示敬意。一旦这份忠诚的誓言被打破，将被视为非常恶劣的罪行。

封臣们有时候会被授予数量巨大的土地，正如威廉一世治下的英格兰那样，作为回报，他们也需要承担大量的军事义务。为了履行这些义务他们会将这些土地分割成为“骑士领”，或称为采邑，这些土地又会被分封给再低一级的封臣，通过这种方式换取军事服务。这个金字塔形的系统意味着国王将会获得一大群当他需要的时候必须为他作战的人。从 12 世纪起这些采邑的所有者可以支付兵役免除税——一笔钱——来免除这些军事服务。

029

助产士在婴儿出生中扮演着重要的角色。她会用油擦拭产妇的肚子并给予鼓励。如果分娩过程不顺利，助产士可以做一些事情来辅助，例如尝试翻转子宫内的婴儿，或者打破产妇的羊水

在封建制度下，除了向国王或领主提供一支规定人数的队伍为其作战外，封臣们还需要履行一些其他的义务：他们需要发誓忠于领主，领主来访时要给他提供居所和供给。很多时候他们也还有其他义务，例如出席领主的廷会，或是在领主被俘虏的时候交纳赎金，封臣们甚至不得不捐献财物作为领主女儿婚礼或是其他一些重要事件的支出。

在封建社会中，这种自上而下的授予土地、履行义务所形

030

在中世纪早期，绝大多数人都在土地里劳作，但在后来的几个世纪中，一些快速发展的城镇和城市中也开始出现了一些就业机会

成的相互关系的制度，不仅作用于统治阶级，同样也影响到了农民。采邑经常又被称为庄园，往往包含了领主的宅邸或城堡、田地、牧场、森林以及至少一个村庄，而村庄中可能有一个教堂。这些庄园的组织运作系统后来被称为庄园制度，在结构上跟封建制度非常相似。一些土地会被授予一些自由民来换取他们的租金或服务，剩余的土地则由领主自己占有。大多数庄园会采用所谓的农奴制将农民们约束在庄园中，作为回报，农民们将得到领主的保护，并可以利用领主的土地来谋生。农民们有义务为领主工作，每年都会有一定的天数需要在领主的土地上劳作。他们同样有义务支付一定的费用，而这通常是用产出而非钱款来支付的。

为领主工作的人中有一些是自由的农民，但大多数还是被捆绑在土地上，他们生活的方方面面都由领主管理，他们是不自由的，在没有领主的许可下不能离开这片土地。他们的婚姻

031

农民的生活是艰苦的，然而他们仍然能够在圣日（假期）中获得一些喘息之机，其间他们会开展娱乐活动、跳舞和休息

同样也需要得到领主的许可，并且还不得不因婚姻而向领主支付一笔费用。当庄园的所有者发生变化时，农民们仍旧不被允许离开这个庄园，他们只能为新领主工作。

在中世纪晚期，封建制度开始衰落。衰落的原因有很多，一方面是经济形式变得越来越基于货币而非基于土地，另一方面黑死病大幅减少了欧洲的人口，在土地上劳作的农民越来越少，这些农民变得更加珍贵。还有一个因素则是旅行和贸易的增加以及集权政府的出现。然而，最显著的原因是常备军的兴起，在中世纪晚期可供雇佣的雇佣兵数量增长，很多国王都选择了这些职业士兵而非依赖于自己的封臣们。国王们不得不聘请训练有素的职业士兵来对抗这些受雇于敌人的雇佣兵，封建制度下的军事服务也就此失去了效力。

中世纪的妇女

虽然中世纪的妇女不需要参与到军事服务中，但她们的生活也过得并不轻松。尽管在中世纪，不同处境和阶级的妇女的生活质量大相径庭，但女人们普遍被视为次于男性，并受到许多限制。一个女孩成功降生并在婴儿期存活下来，这在中世纪并不是什么大事，但她从一出生就注定了要过上与其阶层相匹配的成年生活。一个年轻贵族女性的命运通常是成为她生命中男人的筹码，被用来换取财富的安全或政治地位。

女人们会在很小的时候订婚，有时候甚至一出生就订婚了。成年生活也开始得很早——女孩们 12 岁就到了适婚年龄，许

中世纪的妇女几乎没有什么权力，但还是有一些例外的。阿基坦的埃莉诺，在图中跟她的儿媳妇，英格兰王后、阿基坦女公爵安茹的伊莎贝拉在一起。埃莉诺凭借自己的权力，积极地经营着广阔的领地

多贵族女性 14 岁时就已结婚，尽管这样的婚姻在正式完婚之前并不被视为合法，如有必要，也可以在完婚之前废除。在选择丈夫的问题上，妇女们几乎没有什么发言权，大多数的婚姻都是被贪婪、政治和地位所驱使。尽管女性可以合法继承所有权和财产，但这也通常被她们生命中的男人——父亲，在父亲死后则是另一个监护人——所操控。成为一个富有女性的监护人是一件非常受欢迎的差事，因为监护人可以支配这位妇人的财产直到她出嫁，并且他也有权为她选择丈夫。尽管一些贵妇人，诸如阿基坦的埃莉诺以及玛蒂尔达皇后，凭借自身的实力拥有了

强大的权力，但这只是罕见的情况。

一旦结婚，领主的妻子将要适应由领主所统治的生活，她拥有的一切都是他的，没有领主的同意，她几乎寸步难行。如果领主死去，她有权获得他的遗产，或分享他的资产。然而，她将会受到宫廷的监护，通常会再次被嫁出去，其财产也会附着于另一个男人。

贵妇人在管理她的家庭方面确实发挥了重要的作用。当领主离开的时候，她会经营城堡或庄园及领地，做出必要的法律和财政方面的决策。她还负责照顾宾客，款待他们，并监督家仆和供应食物。她职责众多，还得打扮得体，保持与地位相配的外貌。

如果一个上层阶级的妇女不结婚，她令人接受的唯一选择是进入女修道院，女修道院中的修女生活无非就是工作、祈祷和学习。然而，并不是所有进入了女修道院的人都成为了修女，在很多实例中，中世纪时期女修道院经常被用作孀居之所以及其他人寄宿之处。

农村女性的命运与贵妇人有着巨大的差异。农民出身的女孩结婚较晚，通常在她的少年晚期或是 20 岁出头的时候，并且在选择丈夫上具备一定的发言权。较晚结婚是因为她通常需要劳作，而她的婚姻会使她的家庭失去一个劳动力。一旦成婚，农妇就会与她的丈夫一起农作——例如耕作田地、种植树木以及收获作物。她也可以为他人提供有偿工作，从事一些体力劳动，比如洗衣服。妇女通常跟男人做着一样的工作，但她所获得的报酬会明显比男人要少。

她同时还要负责照顾孩子，维持家计，经营一切必需品，制作和修补衣服，照料菜园，生明火做饭，生活艰辛，平均寿命也比较短。

在贵妇人跟农民之间还有中层女性——城市市民们的妻子和女儿，这些自由的城镇女性会跟仆人一起经营她们的家庭，负责所有的家务活，包括获取粮食、烹饪、清洗以及照料花园等工作。她们也经常跟她们的丈夫或是父亲一起工作。如果成为寡妇，这些女性也可以经营由丈夫留下来的生意，只要得到相应行会的允许。

不管她们的生活境况如何，中世纪大多数女性都会经历同一件事：分娩。婚姻的主要目的之一就是生育，而妇女被期望生下很多孩子，因为婴儿的死亡率很高。通常情况下，一个富有的中世纪妇女会比贫穷的妇女有着更高的分娩存活率，这要归功于更为干净清洁的产房、更好的饮食、更好的护理和设备。在分娩的过程中并没有有效的缓解疼痛的方法，并发症的风险也很高，分娩由此成为中世纪年轻女性最主要的死因。不管母亲的地位如何，大多数分娩都会由一名助产士监督完成，除了在一些更为富裕的家庭中会有一名男医师外，男性是禁止进入产房的。产房是一个炎热的地方，里面有用于烧水的熊熊火焰，有时候会有许多妇女出席，包括产妇的亲朋好友在内。如果分娩顺利，助产士会剪断脐带，清洗婴儿并用襁褓将其包裹起来；如果分娩不顺利，婴儿会马上受洗，有时候助产士会得到特许来执行这个仪式。如果产妇在分娩过程中死去，助产士则会进行剖腹产，取出婴儿，并让婴儿受洗。如果产妇和婴儿都顺利存活下来，这时候分娩就是一段欢庆愉悦的时光了。

日常生活中的教会

受洗将孩子带到了中世纪生活中另一个重要的领域——教会。在中世纪基督教化的欧洲，教会和宗教几乎在生活的方方面面都扮演着极其重要的角色。人们在很小的时候就被灌输了对地狱的恐惧，他们被鼓动去遵从教会的教导，以便确保在天堂拥有一席之地。

大多数农民都会从属于一个教区，这个教区有时候只有一个村庄，有时候也会有好几个不同的村庄。农民每年都要向教区交税，税收数量是他们收入的 10%，这个税被称为“什一税”。什

033

14 世纪，位于英格兰牛津郡大葛士维巨大的什一税谷仓，曾经用来贮藏从谷仓所在地的修道院田庄的佃户那里收到的什一税。这个田庄由汉普郡的比尤利修道院的熙笃会僧侣们所控制

034

一位牧师正在主持婚礼，此图来源于《格兰西法令集》，一部13世纪的法国手稿。虽然现代基督教婚礼和中世纪的婚礼有很多相似之处，但二者有一个显著的区别——中世纪的婚礼是在教堂门口举行的，而参加者在仪式完成后再进入教堂

一税通常要在教区的什一税谷仓处缴纳，很多人只能用实物进行偿付，用谷物或牲畜来代替货币。对贫穷的农民来说，这是一项沉重的负担，但即便会使他们的生活变得非常艰苦，大多数人还是会缴纳什一税。

一个教区会由一名教区牧师来主持，所有的什一税都会流入到他手上，通常又会在他自己的口袋和教会之间被瓜分。在中世纪早期，牧师一般由庄园领主任命，领主会给他提供住处。到了中世纪晚期，领主会将教区赏赐给牧师作为其“生计”。

035

在中世纪，人们并非只能在教堂里听到布道，修道士们也会在户外布道。这样，他们可以向更多的人发表演说。这幅图来自1494年的《基督徒的日常生活》，描绘了一位牧师在一座小教堂前的户外进行布道

一些牧师还拥有不止一份这样的生计，他们会向一个其他教区的牧师支付一笔款项来帮自己履行这一教区的职责，但教区的税收还是会回到这份生计原有者手上。实际上履行教区牧师职责的人通常地位比较低下，拥有生计的牧师通常是贵族的年轻孩子。

牧师们不仅通过什一税来赚钱，他们还有其他的收入来源。一份生计通常还伴随着一片被称为“教会附属地”的土地，牧师可以亲自在这片地上劳作或者将它租出去换取租金。他同样还可以凭借服务来获得报酬，因为当诸如洗礼和婚礼举行的时候，人们通常需要向他捐献财物。此外还有一些次要的款项，例如灵魂税——葬礼中的献礼，还有犁地捐——在一些确切的日期之间每次使用犁所需要向教会支付的款项。

牧师通常是一个教区中唯一一个受过教育的人。正因为如此，他需要负责教区档案的保存以及教区居民的宗教教育，也会在道德以及法律事项上被征求意见。话虽如此，有时候在一些很小的教区，当地的牧师可能并没有接受过教育，因而也不能履行这些义务。小教区的牧师通常非常贫穷。在一些赤贫的教区，牧师的收入微乎其微，如果他没有一份生计，这位牧师只能得到由这些教区居民支付给教会的税收中的一小部分。

很多城堡和庄园有他们自己的私人小教堂，一位专职教士会受雇来为领主及其家庭服务。他会为这家人做弥撒，举行婚礼、洗礼以及葬礼。如有必要的话还会跟他们一同出行，在他们外出的时候满足他们的宗教需求。同样的，特别是在中世纪早期，这位专职教士也会是这个家庭中唯一一个识字的成员，因而，除去其他职责外，他还需要负责为这份产业保存记录，并教育领主的孩子们。

修道院和女修道院同样在普罗大众的生活中扮演着各自的角色，他们会向旅行者和朝圣者提供食物和庇护所，这是他们的一项基本的服务，因为在中世纪早期的几个世纪，旅馆是很少见的。除了教育贵族的孩子们外，他们还会教育那些立志要成为神职人员的年轻男孩们。修道院和女修道院都是慈善机构，他们向穷人提供食物和救济品。大多数修道院或女修道院中还会有一名或是几名精通草药和医药的人，当有病人上门时，这里也会成为这些病人的医院。

宗教的影响在所有中世纪基督徒的日常生活中是很显著的。基督徒们会在出生的时候受洗，在礼拜日参加弥撒，在牧师的见证下确认成婚，他们会领受圣餐、进行忏悔，最后被埋葬在神圣的土地上。当然，并不是每一个人都那么恪守教会的条规，但大多数人还是尽力做到了。

职业

尽管中世纪大多数人都已经成为了束缚在土地上的农民，还是有大量的人，特别是城镇居民，从事其他职业。

在中世纪盛期和晚期，也就是从 11 世纪直到 15 世纪，新城镇不断产生，原有的城镇也在扩张，而随着城镇的扩张，贸易也得到促进。在过去，那些到处沿途叫卖货物的商人们以及大多数手艺人，通常会定居在一个城镇，并在那里经营他们的事业。然而，个体商人面临着被剥削的风险，城镇的土地所有者会对他们征收越来越高的税，这对他们来说将会造成严重的后果。作为对这种状况的回应，大多数城镇形成了行会。

036
在中世纪，泥瓦匠普遍技艺高超，他们建造了很多我们至今仍能看到的华丽而令人惊叹的礼拜堂、大教堂和城堡

行会负责保护其成员的利益，保证价格稳定在一个确切的水平，并制定良好的工艺标准。行会也有两种：商人行会和手工业行会，前者服务于那些买卖货物的商人，而后者服务于那些制造蜡烛、衣服和珠宝等物品的手工业者。

在大多数城镇，行会最终操控了贸易中的每个方面。到了13世纪，城镇里最有权势的人，包括市长在内，大多数都是行会的成员，他们管制所有的商业活动，并管理城镇里的每一个贸易者，这些贸易者不得不按照他们的规矩来生活。希望来此贸易的外来者会被收取一笔贸易费用，有时甚至被完全禁止进行贸易。任何人只要违反了行会规定都会被罚款，违规行为包括劣质的手艺以及在没有成为行会成员的情况下进行贸易。

手工业行会跟商人行会有着细微的差别，因为每一类手工业都有各自的行会，而不是由一个支配一切的行会来管理所有的手工业者，因此存在着非常多不同的手工业行会，其中包括了金匠、染色工、泥瓦匠、面包师、理发师、马鞍匠、蹄铁匠以及车匠等行业的行会。如果一名妇女是行会成员的遗孀并且曾经跟其亡夫一同从事过这个行业，那么她也可以成为行会会员。由于大多数手工业都是家庭作坊，所以妇女很自然地参与到生产之中。

手工业行会管制的内容包括产品的价格和质量，他们还能决定谁可以加入行会，以及在行会的等级制度下谁可以获得晋升。行会内有三个等级——学徒、帮工和匠师。一名学徒需要跟随匠师工作至少 5 年，有时候长达 9 年，来学习手艺，他不会得到报酬，但可以得到匠师提供的住宿、伙食以及衣服。学徒期结束后，学徒就成为了帮工，这意味着他可以为匠师工作并赚取工钱。如果一名帮工能够证明自己技艺高超，他最终可以晋升为匠师，并拥有自己的工作室和学徒。然而，在行会紧密的社区中，要晋升到匠师的级别是非常困难的。

当然，城镇和城市的底层还有一些其他职业，并不像那些行会成员的工作那么令人尊重，比如掘墓者、绞刑手、妓女、修补匠和碎布贩子之类的职业。

在城镇外的贵族城堡和庄园里，除了在田里劳作的农民之外，也有着其他的职业。被雇佣者的数量取决于宅邸的规模以及领主的财富。最富有的领主会雇佣数百人来从事各种不同的工作。非常富裕的家庭会雇佣一名总管或是主管来监督管理家庭

037

熟练的中世纪工匠，包括珠宝匠们都从属于工匠行会，行会严格管制着各个行业，图中是一个 15 世纪的珠宝匠商店

内部生活的所有方面，骑士长的职责与他类似，只不过他负责照料马厩。其他的高阶仆人还包括照看领主房间的内侍，负责领主着装的典衣侍。如有必要的话这些高阶仆人会由青年侍从、马夫和贴身男仆们来辅助他们完成工作。其他的仆人也会受雇为领主家完成一系列不同的任务，这些仆人包括一位厨师，在厨工们辅助下负责准备食物；一位男管家，掌管藏酒室，藏酒室中一般存放着像麦芽酒之类的酒；一位传令官，负责代表国王或贵族向公众发布公告；还有一位面包师，负责为家庭烘焙面包。

同样还会有很多人受雇在庄园宅邸外工作，这些人包括给马匹打蹄铁、维护盔甲的铁匠；制造家具、修补损坏木制品的木匠；管理城堡入口、控制进出人员的守门人等，诸如此类。

中世纪的食物

中世纪的饮食因阶级不同，有着巨大的差别，贵族有着多种多样的饮食，而农民则不得不靠稀少的食物生存。

谷物是所有人的主食，贵族们吃的小麦需要相当肥沃的土地来种植，贫穷的农民只能吃大麦和黑麦。富人会食用小麦做成的白面包，又被称为“曼彻特”，反之穷人则只有厚而粗糙的黑麦和大麦面包。

浓汤是中世纪饮食中的另一种主食，这是一种由燕麦或大麦制成的炖汤，通常还包含了诸如豌豆、黄豆、卷心菜、韭菜和香草等蔬菜。富人的浓汤中包含着肉类或鱼肉，以及各种不同的蔬菜、香药草和香料。穷人们则只有更为清淡的浓汤，主要由他们自己种植的蔬菜和香药草制成，几乎没有肉。大多数

038

农民会在他们劳作的田地里吃午餐。家里的柴火上总架着一锅肉汤

农民会在火上或是有余热的灰烬上架一锅浓汤，一直煮，这也是他们每天都吃的食物。

一些下层人民也能吃上水果，这也许来源于他们田地上的一棵苹果树或是梨树，水果通常也会被煮来吃——一些人相信生水果吃了会得病。他们也会从当地的森林中采集核桃和浆果，作为他们饮食中不可或缺的补充品。

一些富裕一点的农民会有一头牛或是几只绵羊，这样他们就有了牛奶、奶酪和奶油。然而，很多家庭只有一些鸡，也会有一头猪作为他们的肉食来源，因为这些禽畜的饲养成本比牛低，可以放养，任由它们去吃残羹剩饭。尽管在田地和森林中还有着一些鹿、野猪和野兔之类的动物，但它们只属于庄园的领主，杀死一只这样的动物属于犯罪，会受到惩处。有时候可以从河里或海里获取鱼类，当然河流通常也由领主占有，捕鱼也需要获得许可。肉类的缺乏意味着农民的饮食中缺少蛋白质以及维生素和矿物质，这使得他们的健康状况通常不太好。

大多数农民都是自给自足的，因此当遇到粮食歉收或作物由于恶劣天气被毁坏时，他们就会陷入饥馑之中，这时候的浓汤就会囊括他们所能找到的所有东西，从橡子到树叶。在某些时候，比如 14 世纪早期的北欧，恶劣的天气会引起相当大范围的作物歉收，饥荒随之而来，成千上万人死于饥饿。

富人的饮食则大为不同，他们拥有种类繁多且数量充足的食物，比如肉类或鱼肉，同时还有丰富的酱料和蔬菜。牛奶麦粥通常会是他们的盘中佳肴，这是一种浓厚的肉汤，其中包含了肉类、牛奶或鸡蛋，有时候还会有像肉桂或藏红花这样的香料以及糖。他们的饮食中有许多的风味，因为香草、香料、酒和醋都被用到了烹饪中。他们还会吃进口食品，比如杏仁、枣子和无花果，以及由果园和森林中的水果制成的甜食，还有蜂蜜，真是应有尽有。

宗教在中世纪饮食中也扮演着重要的角色，在大斋节期间以及每周的特定几天中，吃肉是被禁止的。在这些日子里，鱼肉代替了肉食。教会还会提倡进行为期数天的禁食。

富人们会喝葡萄酒。这些酒装在橡木桶中，被成桶买来，倒入酒罐中，用酒壶呈上饭桌，而他们的仆人们则会喝麦芽酒或啤酒，这也是下层阶级主要的饮品，因为水通常都太脏了无

039
贵族的饮食比农民好得多，包括丰盛的佳肴和许多不同种类的食物。在宴会期间，每一道精心烹饪的菜都会伴随着喇叭和杂技演员、舞蹈者的表演呈上，以此来取悦食客们

法饮用。麦芽酒由水、麦芽或大麦以及酵母制成，而啤酒中则会包含啤酒花。

食物的保存是至关重要的，因为冬天只有很少的食物可以种植。肉类和鱼肉会用盐腌制，主要的腌制方法是把它们埋在盐堆里，或者泡在盐水里。在食用之前，这些经过腌制的肉类和鱼肉会被浸湿并冲洗多次，以将其盐味去除。在气候温暖的地方，水果、肉类和谷物会被放在太阳底下晒干。鱼肉和一些肉类还会用烟熏的方法保存。用醋来浸泡也是人们喜欢采用的一种保存方式。

地中海地区和中东地区的饮食在某种程度上跟北欧有所不同。然而，正如在欧洲那样，谷物特别是燕麦，是这些地区主要的日常食物。香料和橄榄油是烹饪中最常用的。由于伊斯兰教禁止食用猪肉，肉类的主要来源是绵羊和山羊。糖类在 8 世纪中期从印度进口而来，随即广受欢迎。同样深受欢迎的还有橙子、柠檬和其他柑橘类水果，这些水果提供了身体所需的大量维生素 C。由杏仁、枣子、蜂蜜和糖类等成分所制成的甜食很常见。在中世纪的开端，葡萄酒仍旧是一种流行饮品，然而，随着伊斯兰教的崛起，茶成为了更受欢迎的饮品。

040

一位天文学家正在用一个星盘来观察天空，他坐在两位神职人员中间，一位神职人员负责记录，另一位负责计算历法

科学和工艺

在中世纪这一千多年间，科学在许多方面取得了长足的进步。科学发展最早的是伊斯兰世界。在中世纪早期，西方似乎并没有多少科学研究的兴趣。

在哈里发国家，人们对古代世界的科学发现有着强烈的兴趣，准确来说是那些古希腊人的科学发现。古希腊伟大的哲学家们，像亚里士多德、托勒密和阿基米德等等，他们的科学发现经过翻译后被存放在了大图书馆里。阿拉伯人的理论和发现在那里得以建立起来，他们在天文学、炼金术（早期化学）和数学等领域也取得了巨大的进步。阿拉伯数字最开始发源于中世纪早期的印度，然而却是由伊斯兰科学家们在中世纪盛期负责将它们传到了欧洲，通过这套计数系统，他们还进一步发展了代数，并在这门学科上取得了长足进步。

在西方，人们对科学研究的兴趣直到 12 世纪才得到复苏。

随着十字军东征以及再征服运动，西方再一次接触到了古希腊的学问以及伊斯兰世界的成就，古代的作品被翻译成拉丁文，并开始被西欧人重新获取。在接下来的几个世纪，诸如光学和动力学等不同的科学领域都获得了许多发展，很多伟大的中世纪大学在这段时期成立，进一步促进了科学发现和教育。

在工艺领域，中世纪出现了许多伟大的发明。几乎在每一个领域都有创新，从农业到建筑，从军火到计时工具。很多发明直到今天都还以某种方式在被人们使用，这也充分说明了它们的意义。

以下列举一些诞生于中世纪的意义重大的发明：

高炉——最早出现在中世纪盛期的瑞士，用于金属熔炼，能够提高铁的产量。

041

木架上的大炮，陈列于洛奇城堡的主楼。在中世纪时期，大炮出现并逐渐取代了攻城车，大炮的使用改变了要塞的建筑方式，城墙建造得更厚，建筑物更矮，以便承受大炮的攻击

加农炮——诞生于中国，中世纪盛期，西欧开始使用加农炮。

眼镜——眼镜诞生于 13 世纪晚期，最初只是供远视的人使用。

全身板甲——铁制板甲在整个中世纪晚期，大约从 13 世纪开始不断发展，但整套的板甲直到 15 世纪早期才开始出现，这些整套盔甲保证了穿着者得到保护的同时还能自由移动。

谷登堡印刷机——这也许是所有发明中最重要的一项，谷登堡印刷机的发明使得信息的传播更为简单，并为大众使用书写语言铺好了道路。

马蹄铁——一些古代文本中曾提到过马蹄铁，但这些钉在脚上的蹄铁似乎是在中世纪早期发明的，它们让马匹得以运载重物通过地形恶劣的地区。

马项圈——发明于 9 世纪，马项圈让马成为了更为高效的役畜。

沙漏——沙漏的发明时间并不确切，但到了中世纪晚期它作为可靠而廉价的报时方式，已经得到了普遍使用。

长弓——诞生于 12 世纪左右。长弓在英国的许多战役中成为一个决定性的因素，特别是在英法百年战争期间。在熟练使用者手中，它所达到的准确性、射击速率和射程都远远超过其他的弓。

磁罗盘——12 世纪左右，磁罗盘开始在欧洲投入使用，对于辅助航海有着非常重要的作用，特别是在能见度低的情况下。

机械钟——这个报时设备发明于中世纪晚期，并成为了遍布欧洲的钟塔里常见的一道景观。

纺车——很可能发源于东方。在中世纪盛期，纺车给欧洲的纺线生产带来了彻底的变革。

042

来自萨拉戈萨的一个黄铜星盘，制造于 1079 年到 1080 年间。尽管星盘早已被应用在了诸如航海、占星以及天文学等领域，但似乎到了中世纪才开始得到广泛使用，在设计上也做出了许多的改进

独轮手推车——这件 12 世纪晚期的发明使得很多建筑业和农业的工作变得更为简单。

风车——发明于中世纪盛期，直立的风车使谷物的研磨效率大大提高。

医药

在中世纪，人们并不知道细菌的存在，对传染病传播的诱因也几乎一无所知。疾病被归咎于许多不同的事物，从罪恶到行星没有排成一条直线这些事情都被视为疾病的原因。因此，当黑死病这样的疾病开始形成，它们就会像野火一般蔓延开，特别是在中世纪那些生活环境拥挤且不卫生的城镇里。

缺乏卫生条件以及不良饮食意味着底层阶级非常容易得病，但富人并没有比他们好太多。基于草药和其他成分的民间疗法

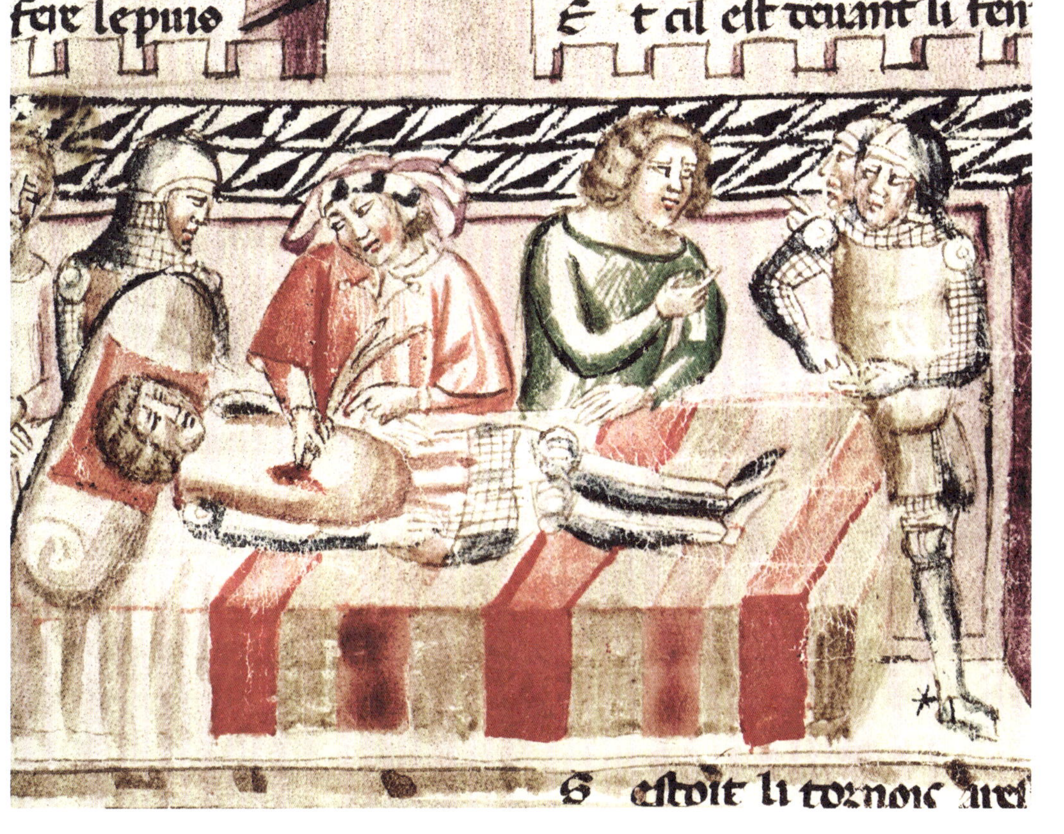

043
一位受伤的士兵正在接受手术

044
手术场景，图来源于《伟大的外科手术》，一本14世纪的手术和行医的指南书，作为重要的参考书长达3个世纪之久

经常被用来治病，对穷人来说这些药物可以由村庄里一个富有的妇女施舍而得，富人则可以花钱请一位医生来照料自己。

外科手术，包括拔牙在内，经常由理发师来执行，而用于手术的工具不太可能会被消毒，因为那时候人们对卫生的重要性一无所知，很多病人死于术后感染。在中世纪，在治疗中死去跟患病死去的概率相差无几。

尽管在中世纪的开端人们对于解剖学和疾病的起因一窍不通，但这个时期的医药还是取得了很多进步。希腊外科医生，帕加马的盖伦就是其中一位对医学理论有着巨大影响的人。他生活在中世纪开始前的两个世纪，其作品留存了下来，并在9世纪被翻译成了阿拉伯语，在11世纪又被翻译成了拉丁文，这些作品在东西方都被用于医学教学。

盖伦相信人体内有四种“体液”——血液、黏液、黑胆汁和

045
14世纪的手稿中描绘的一次外科手术

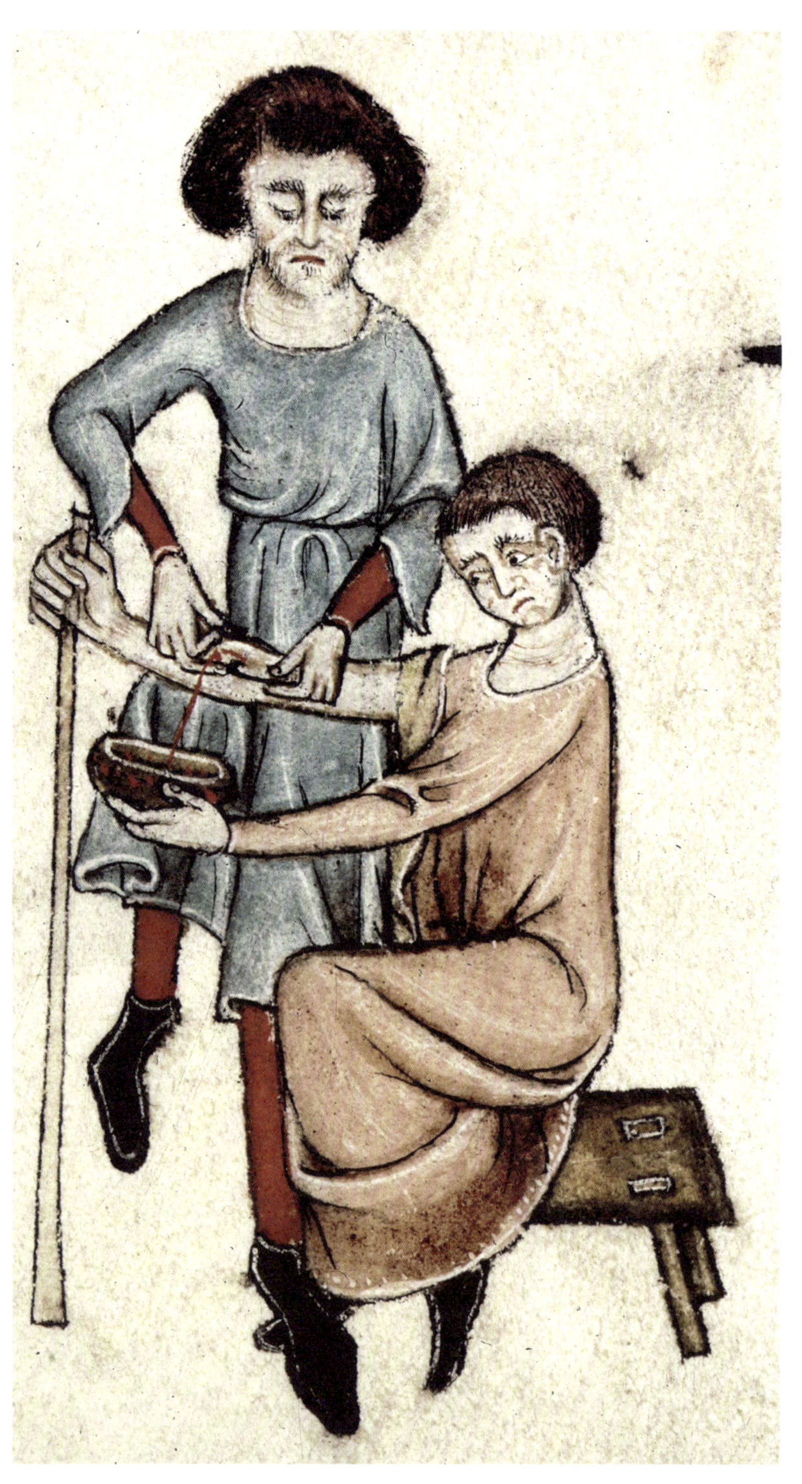

046

一个僧侣正在给一位病人放血，图源于《勒特雷尔圣诗集》，创作于1340年以前

047

14世纪的医学绘画，展示了黄道十二宫与医疗之间的紧密联系

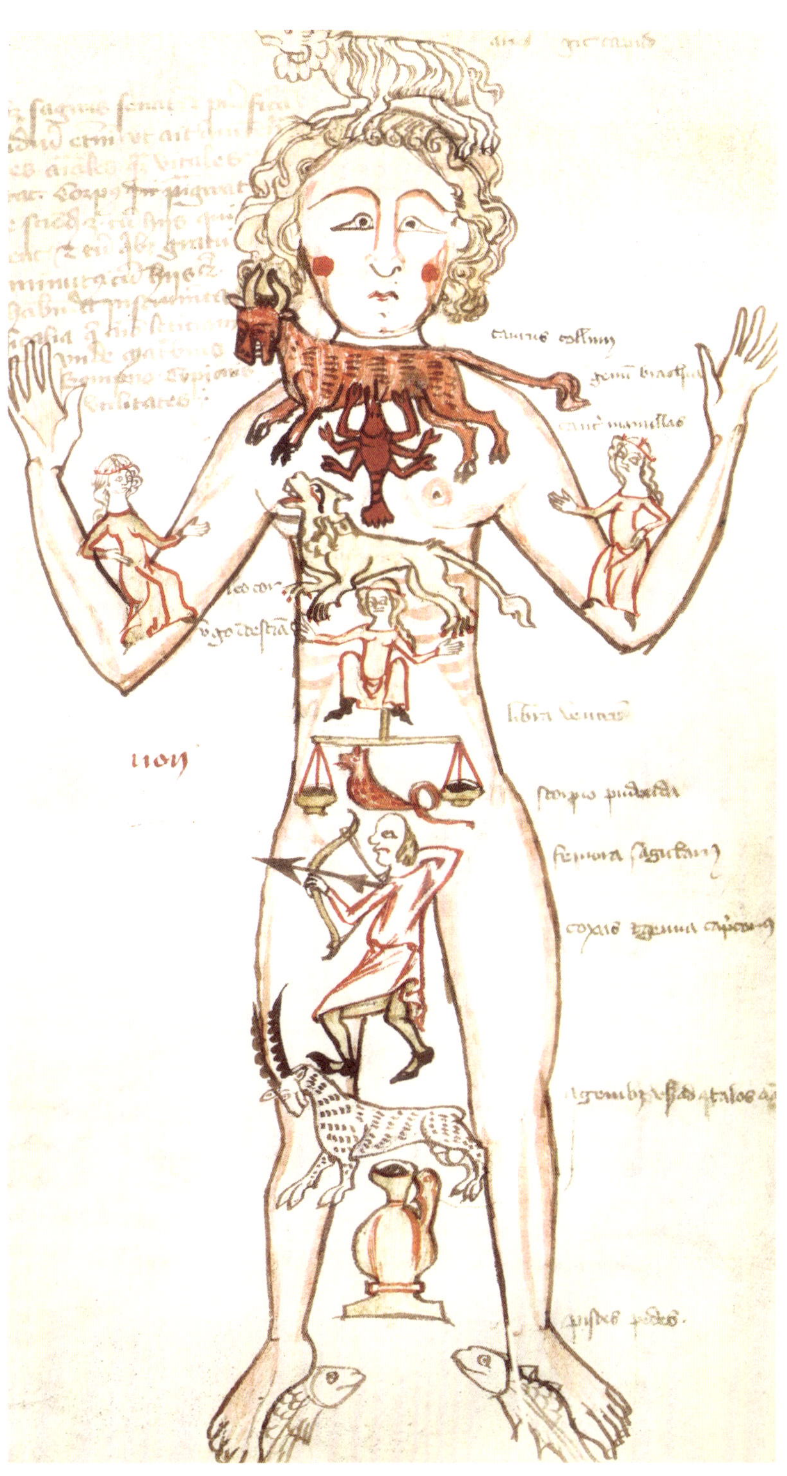

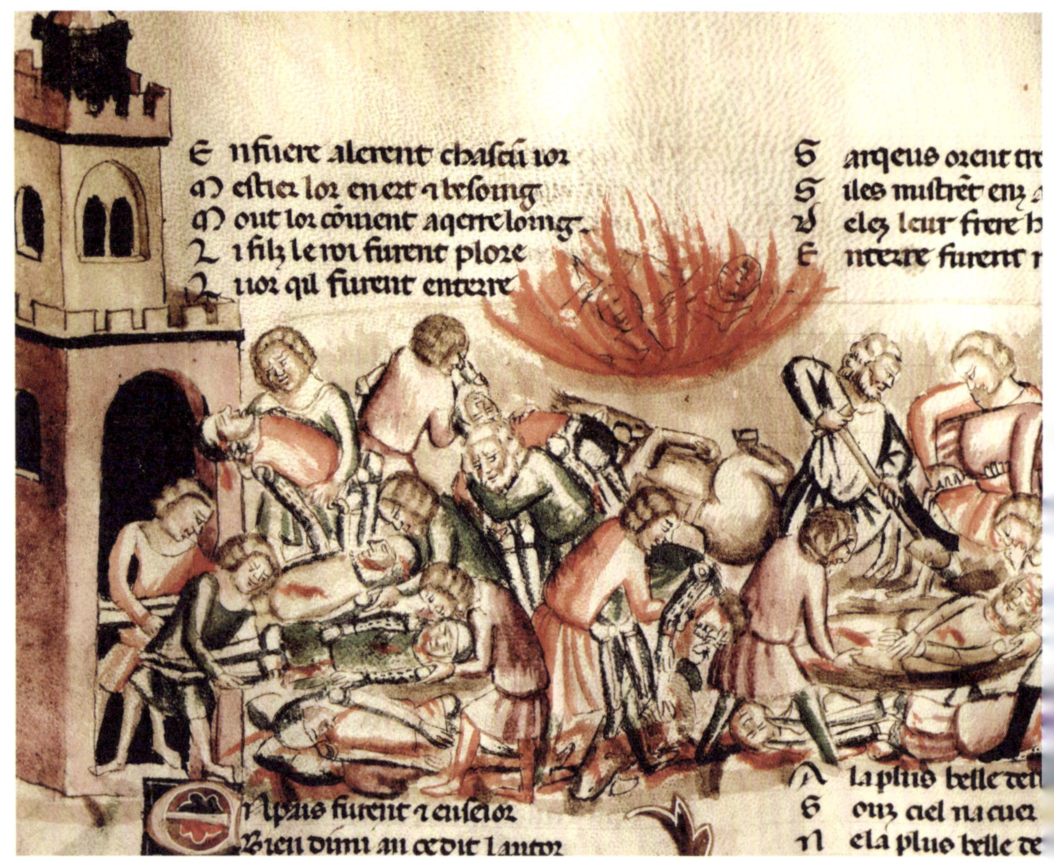

048

14世纪手稿中的场景，展示了对黑死病的遇难者的处置清理。瘟疫似乎袭击了欧洲的每一个角落，成千上万的人丧生。由于瘟疫的严重程度，有大量的尸体需要处理，这就意味着得体的个人葬礼经常被集体坟墓和火葬所取代

黄胆汁，当它们失衡的时候人就会生病。中世纪的医生会用各种方法来修正这种平衡，其中最知名的方法大概就是放血法，水蛭被附着于病人身体上来释放出体内过量的血液，他们认为这是高烧或是一些其他疾病的病因所在。

在伊斯兰世界，医学研究得到了高度重视，许多曾经研究、教授和实践医学的伊斯兰医生写下了医学文献，阿布·卡西姆是其中一位，他可能是那个时代最伟大的伊斯兰医生。他写下了30卷涵盖面广泛的医学专著，并在后世被使用了将近500年。他的作品不仅包含了过去专家们的思考，还涵盖了新材料和许

多图示，包括他所发明的一些外科手术设备。

伊斯兰世界不仅产生了许多伟大的外科医生，还出现了一些卓越的药剂师。炼金术师在他们的实验中偶然发现了许多物质，而这些物质中又有很多具备药用价值，由此他们研制出一系列被外科医生成功使用的药物，其中一些沿用了几个世纪。人们甚至认为这些药剂师曾经使用了罂粟的成分来缓解痛楚，这种疗法直到今天还在使用，也就是经过配方调整的吗啡。

在西方，人们建立了一些医学学校，第一所学校成立于 9 世纪的意大利萨莱诺，它在中世纪盛期取得了伟大的成就。萨莱诺之后，法国的巴黎和蒙彼利埃、意大利的帕多瓦和博洛尼亚紧随其后建立了学校，这些高级学府促进了整个西欧的医学发展。在 14 世纪左右解剖开始普及，1316 年，第一本关于解剖的课本由意大利解剖学家蒙迪诺·德·里尤兹出版，尽管并不是非常准确，但这本书还是在接下来的 200 年间为外科医生们所用。

在中世纪的欧洲甚至欧洲以外的地方，已经出现了治疗病人和伤者的医院。在欧洲这些医院通常是宗教机构，诸如修道院和女修道院的一部分场所。修士和修女们会看护病人，并关心他们的心灵健康。在伊斯兰世界，很多大城市建有医院，比如大马士革和巴格达，这些医院令人印象深刻，人们普遍认为它们会接收任何病人，不论种族或信仰。

尽管距离人体解剖学以及完全理解传染病的起因和传播还有着很长的时间，但这些中世纪外科医生和科学家们在医学上的贡献不应该被忽略，因为他们的工作正是这些发现的起点。

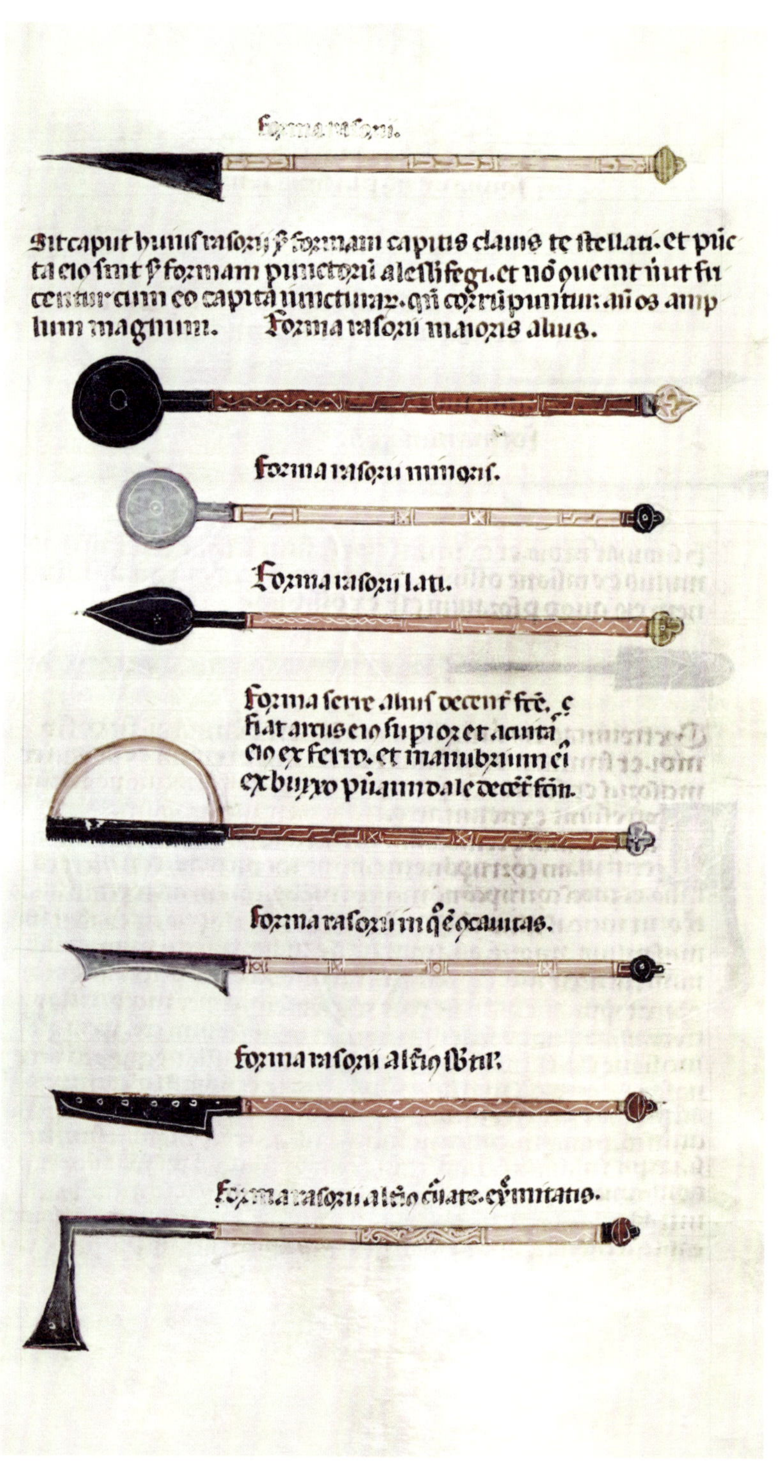

049

阿布·卡西姆的论文中的手术仪器

14世纪的危机

14 世纪也许是中世纪最黑暗的时期之一，似乎世界上有可能发生的坏事全部都发生了——战争、瘟疫、贫困、饥饿、社会不满、革命和宗教纷争，全部都在欧洲面临衰退之时上演了自己的戏份。

这个世纪甫一开端就受到了恶劣气候的困扰，这是所谓的“小冰期”来临的预兆。漫长的严冬和湿冷的夏季导致了灾难性的歉收。1315 年是糟糕的一年，整个北欧的作物减产，粮价飙升到前所未有的水平。接下来的一年情况变本加厉，1317 年则变得更差。上世纪末的人口增长意味着即便是丰收年也只能生产出刚好足够的食物来养活这些人口，因此，到了 1317 年，贮藏的粮食几乎消耗殆尽，而穷人没法负担食物支出。人们依靠他们所能搜寻到的任何东西为生，甚至吃起了树皮和役畜。气候在 1317 年夏天有所改善，但很多人已经非常虚弱，极易病死，在更好的时期他们原可以从这些疾病中存活下来。用于种植来年粮食的谷种大多被吃掉了，因此即便气候有所好转，恢复粮食供应量也需要几乎十年时间。大饥荒的准确死亡率只能进行猜测，但人们普遍认为至少在受灾地区人口死亡率达到了 10%。

当欧洲从大饥荒中恢复过来时，它又遭受了另一场更为严重的危机。一种起源于中东的可怕疾病逐渐向西渗透，经由陆路向欧洲袭来，所过之处死者甚多。最后它又经由水路传播，很有可能是搭乘了从克里米亚起航的热那亚船只，在 1347 年到达地中海。经由贸易航路，它向西席卷欧洲，又向南侵袭了

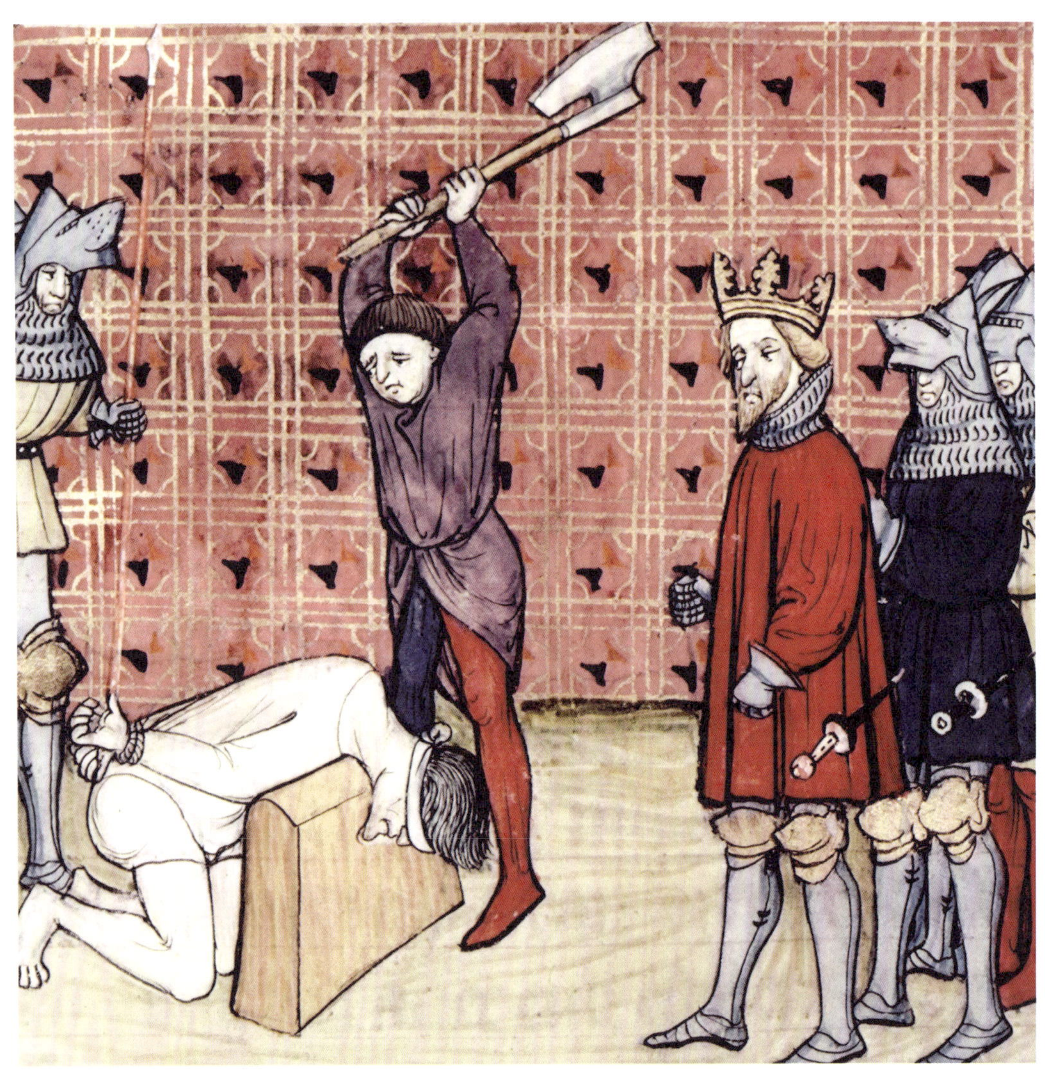

050

对一位扎克雷起义的领导者进行处决。即便是那些对他们的困境感到同情的编年史作家们，也描述了这些农民们可怕的暴行

圣地以及非洲。它最远抵达了像格陵兰岛、设得兰及冰岛等遥远的殖民地，似乎没有地方可以幸免于难。普遍认为这场被称为黑死病的可怕瘟疫消灭了全世界人口的三分之一，部分城市损失了 60% 的居民，主要原因是生活环境拥挤且不卫生。

黑死病还有很多深远的影响，比如大量工匠死亡，不管他们是技艺高超还是初入行当。然而，还有一个令人不安的影响，并非瘟疫本身带来的结果，而是出于无知和贪婪。虽然很多犹太人同样死于黑死病，但犹太人向水井投毒，是瘟疫元凶的谣言还是传遍了欧洲。尽管教皇和其他君主们对此都竭力否认，这些谣言还是给犹太人，特别是在德国和瑞士的犹太人带来了悲惨的结果。在斯特拉斯堡，犹太人纷纷被围捕并活活烧死，只有那些皈依了天主教的犹太人才幸免于难。这些悲剧的场景不断在北欧上演，许多犹太社区都遭遇了灭顶之灾。由于犹太人的财产通常都被充公，而他们所持的债权大多被撤销，只能假设贪婪在这些犹太人的命运中发挥了不小的作用。

对另一些人来说，黑死病的灰烬之下出现了一个充满机遇的新世界。大量工匠的死亡意味着劳动力的供不应求，这使得劳动者们拥有了追求更高薪水的自主权以及前所未有的机会。例如，手工业行会在黑死病之前只会在相同的几个家庭中雇佣人手，现在却必须扩大招收学徒的范围。然而，农民阶层刚刚看到更好的生活条件可能为他们所有，却发现通往机会的大门又让他们吃了闭门羹——西欧政府迅速做出回应，阻拦了所有的机会主义者，限定工资的制度被引进，相应法律也得到建立，阻止了大幅度涨薪。例如，1351 年英格兰的劳工法禁止薪金增长并禁止劳动者们离开自己的乡土，实际上就是阻止他们利用劳动力的短缺来改善生活。这些立法还将会在接下来的数十年里深刻地影响整个大陆。

在 14 世纪上半叶，法国的遭遇尤为惨烈，不仅因为饥荒和黑死病导致了人口损失，还因为百年战争。这场战争导致了大范围的死亡和破坏，蹂躏了他们的国家。这并不是法国农民们不得不面对的全部危机。1356 年，法国国王约翰二世在普瓦捷战役中被俘，这只是一连串败仗之一，但当这些败仗累加在一起，农民们失去了对贵族的信心和尊重。此外，贵族在法国王太子也就是未来的查理五世命令下增加农民的税收，并迫使农民为他们无偿修补城堡。不出所料，农民们最终忍无可忍。在 1358 年 5 月 21 日，法国北部的瓦兹山谷中爆发了农民起义，史称扎克雷起义。

起义迅速传播，农民们毁坏、洗劫城堡，并杀害了许多贵族及其家人，一些杀人手法耸人听闻。起义最终被纳瓦拉国王恶人查理于 1358 年 6 月 10 日的默洛之战中镇压，他是国王约翰二世的女婿。伴随胜利而来的是对成千上万起义者的大屠杀，在起义结束后，对起义者的报复行动持续了很久。据估计有几百名贵族在战乱中死去，大约两万名农民失去了生命。

在英格兰，不满情绪在农民阶级中同样普遍存在，虽然他们的权利受到了 1351 年劳工法的侵害，但直到法令颁布的 30 年后，不满情绪才激烈爆发。压死骆驼的最后一根稻草是 1381 年人头税的征收——一项按人口计算的税收——这是四年以来的第三次征税。激怒民众的不仅仅是新税开征，还因为这次征收的税款是 1377 年和 1379 年所征税款的三倍。

1381 年 5 月，起义爆发。6 月初，来自肯特和埃塞克斯的起义者向伦敦进军。肯特的起义者由这场起义中也许最知名的人物瓦特·泰勒所领导，义军一到伦敦就攻取了伦敦塔，并处决了大主教萨德伯里的西蒙以及司库罗伯特·黑尔斯爵士，两人都是人头税的始作俑者。起义者还摧毁了国王那位极不得人心的叔叔——冈特的约翰——的宫殿。同时，在伦敦城外的埃塞克斯起义者麦尔安德遇到了年轻的国王理查二世，理查向他们做出了一些承诺，其中包括废除强制劳役、允诺公平贸易和公平租金。

伦敦起义军行动的主要目的是迫使国王协商并做出让步，

他们看上去取得了成功——6 月 15 日理查在史密斯菲尔德和瓦特·泰勒以及肯特起义军会面。然而瓦特·泰勒在商讨过程中遇袭负伤，他被送到了圣巴托罗缪医院，但最后还是被人从那里拖出，伦敦的市长大人威廉·沃尔沃斯下令将其斩首。国王成功安抚了暴怒的起义军，起义军开始分散，但理查背弃了诺言，在接下来的几周起义被彻底镇压，许多起义军的领导人被处决。镇压起义只花了不到一个月的时间，除去展示民众的不满之外，起义者们只取得了微乎其微的成果。

扎克雷起义以及英国农民起义仅仅是 14、15 世纪发生在欧洲的众多农民起义中的两起。在大多数情况下农民们都不是统治阶级的对手，这些起义大多数都没有什么好结果。

Chapter III Religion

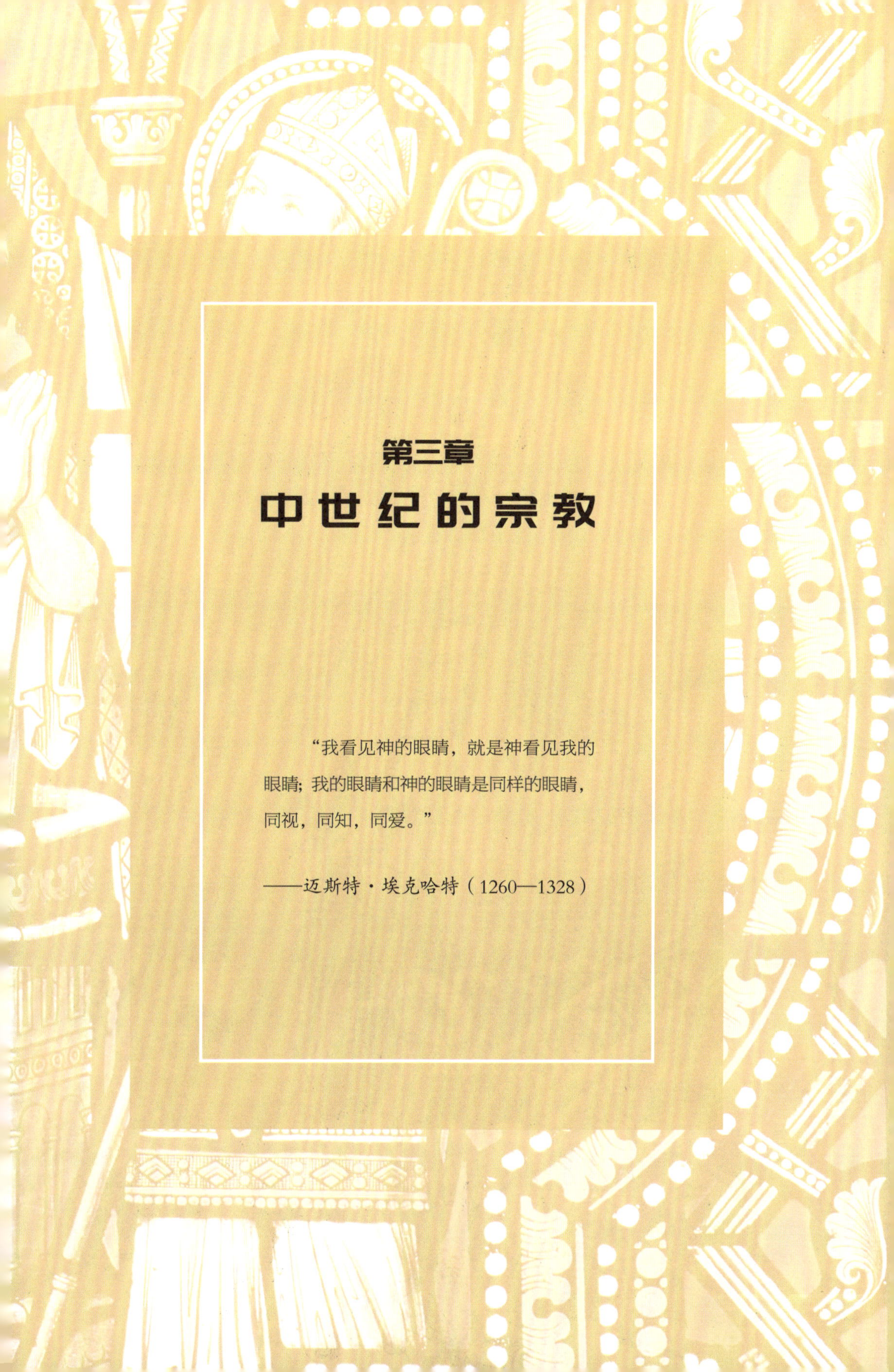

第三章

中世纪的宗教

“我看见神的眼睛，就是神看见我的眼睛；我的眼睛和神的眼睛是同样的眼睛，同视，同知，同爱。”

——迈斯特·埃克哈特（1260—1328）

IHESUS

教皇格列高利和教皇权的兴起

教皇格列高利一世也许是教皇权的崛起以及早期中世纪基督教在整个欧洲持续传播的过程中最为重要的角色。

他具备政治上的机敏，同时对那些不幸的人又有真正的献身精神，两者形成了强大的联结。590 年，他被选举为教皇，虽然他本不曾寻求这个位子，宁愿过修道士的生活。对教皇来说这是一个艰难时期，因为意大利已经被战争蹂躏，北部被信仰阿里乌斯派的伦巴第人统治，南部则被信仰罗马天主教的拜占庭人统治。罗马被那些不计代价保卫拉文纳的拜占庭人所忽略，这使得他们容易遭受伦巴第人的攻击，对他们来说是一个巨大的威胁。格列高利在罗马获得了很大的职权，因为拜占庭的莫里斯一世正忙于跟波斯人、斯拉夫人和阿瓦尔人作战，看起来似乎对这座城市的命运漠不关心。格列高利阻止了伦巴第人洗劫罗马城，并付钱让他们远离罗马。他也寻求通过外交手段来促进意大利的和平，某种程度上他取得了成功。

格列高利拥有多种才能，也是一位外交家，善于理财并乐于资助穷人。由于得不到拜占庭的帮助，他组织了教会基金，并将资金用于直接救济那些需要的人，大多数都是从伦巴第出逃的难民。他用自己以及教会的土地来生产粮食并捐赠给罗马城的人，城中的居民此前已被战争逼到了饿死的边缘。作为乐善好施的回报，格列高利成了民众景仰的领导者，为后来几个世纪教皇在意大利政治中的重要地位奠定坚固的基础。

051

天主教会大分裂时期，出现两位教皇同时在位的情况。1409 年，法国国王查理六世提议教皇本笃十三世退位，被拒绝后，法国军队对教皇宫殿的城墙发起了猛烈攻击

052
图上描绘的教皇格列高利一世，在四位圣本笃的门徒帮助之下，正在写作他的《对话录》(亦称《圣徒传》)

格列高利还试图进一步传播教会的教导，将教皇对于罗马天主教的权威传遍欧洲，然而在一片由众多部族统治、被冲突撕裂的大陆，这绝非易事。597 年，他派出了由圣奥古斯丁率领的 40 名修道士使团前往英格兰，试图让异教的盎格鲁 – 撒克逊部族皈依基督教，这是一次成功的尝试——格列高利在坎特伯雷建立了大教堂。此后其他使团陆续从英格兰出发，在西欧大陆上传播罗马天主教信仰。由此开始，罗马天主教慢慢传遍了欧陆，欧洲最终成功转变，在中世纪晚期完全处于教会影响之下。

圣本笃的统治

格列高利是一位多产的作家，有许多作品流传至今。在他的《对话录》的第二册中，他提到了一位神职人员，努西亚的圣本笃。圣本笃在年轻时被送到罗马学习，罗马同辈们放荡的行为让他感到幻灭，这导致他离开罗马，远离这些烦扰。他最开始去了恩菲德（现在的阿弗莱），然后去了阿布鲁奇地区的一个山洞，大约在罗马向东 40 英里处。他在湖边的山洞中独自生活了三年。罗曼努斯，一位来自附近修道院中的僧侣给他带来了食物和衣服。

圣本笃因其圣洁和纯净的灵魂赢得了身边人的尊敬，因此，在当地一个修道院的院长死去时，圣本笃被请求来接替他的职位。然而，这并不是一个成功的举动，僧侣们对圣本笃的改革不满，并试图将他毒死，于是他返回了自己的山洞。不管怎样，他名声如此之大，以至许多人前来接受他的教导，这促使他修建了 12 座修道院，每院住着一位督导僧侣和 12 名僧侣，所有修道院由圣本笃亲自监督。当圣本笃离开这个地区时，他的修道院继续运作，接纳新人并提供教育。圣本笃最后的居所位于卡西诺山，公元 529 年前后，他在这里的阿波罗神庙之上建立了修道院，并在此写出了著名的修道院会规。

《圣本笃会规》由圣本笃亲自完成，用来管理修道院运作以及修士的日常生活。没有证据显示圣本笃意图建立修道院的管理

053
圣本笃在生前就作为一个善良、圣洁的人而受到尊敬，他是欧洲的主保圣人。图中他正在为一个着魔的僧侣驱邪

秩序，他的会规是针对那些自治社区的，旨在让他们自给自足和自我管理，更像一个家庭而非冷酷的机构。被选定的修道院长将终身任职且只向上帝负责，他负责管理修道院并对院中每一个修士的灵魂承担责任。这个父亲式的人控制了所有的事务，从管理人员的任命到日常生活的组织。修道院长统治下的所有“兄弟”修士们每天都在严格的时间表中进行祈祷和工作。他们要放弃世俗财产，并发下贞洁、贫穷和服从的誓言。由于这种生活并非每个人都能适应，圣本笃引入了为期一年的见习期，淘汰掉那些不适合的人。《圣本笃会规》的初衷并不是为了引导一种苦行生活，而是为了营造一个成员们可以生活、礼拜的和谐团体，它被沿用至今，圣本笃也因此成为“西方修道制度之父”。

11 世纪的基督教

11 世纪，教会发生了巨大的变化。到了 11 世纪中叶，东方的拜占庭帝国教会和西方的拉丁教会在教条以及宗教事务上产生了争论。1054 年，这些分歧导致了教会永久地一分为二。东方教会拒绝接受教皇的霸权，也不愿做出让步、接受拉丁教会对教条的阐发，教皇利奥九世便将东方教会的领袖大主教米恰尔·色路拉里乌斯逐出了教会，作为报复，色路拉里乌斯也将教皇逐出了教会。这些举动引起了东西教会大分裂。两个教会的永久分裂，最终形成了我们今天所能看到的希腊正教（东正教）以及罗马天主教会。

东西教会大分裂并不是 11 世纪唯一对教会产生巨大影响的事件，11 世纪末，另一件极为重要的冲突发生了。当教皇格列高

利七世挑战神圣罗马帝国皇帝亨利四世任命主教的权威时，叙任权之争爆发了。主教们通常由教会授予职务，但实际上是国王来任命的。授职权给皇家金库增加了收入，因为有时主教的职位会被出售。这也意味着高级神职人员会忠于王室，反过来，国王也会任命忠于王室的神职人员。

主教的授职权归于世俗君主多年，教会未曾反对过。然而，格列高利七世决心发起一系列改革来赋予教会最高权威，使其凌驾于那些不受教会或任何宗教组织统治的世俗国家之上。这些改革在 1075 年的教皇敕令中提出，这份敕令包含了教皇作为上帝在俗世的代表所拥有权力的详细说明，其中包括其独有的废黜皇帝或任命教士的权力。

054
从 1056 年开始，亨利四世成为德国的神圣罗马帝国皇帝。他两度被教皇格列高利七世逐出教会，图中展示了他在卡诺莎等待觐见教皇这一幕

废除世俗授职权，某种程度上来说也是对世俗国家中买卖圣职行为泛滥的回应，这也正是叙任权之争的导火索。亨利四世为回应教皇敕令，给格列高利寄了一封信，在信中他称格列高利为“假僧侣”并要求选出新的教皇；作为回应，格列高利将亨利逐出教会并将其废黜。日耳曼贵族们将格列高利的行动作为他们谋反的借口，占领了皇帝的领地。在意识到自己处于下风之后，亨利在 1077 年到托斯卡纳的卡诺莎求见教皇并乞求原谅，教皇原谅了亨利，并撤销了将其逐出教会的判决。尽管如此，亨利还是在 1080 年再度被逐出教会并失去了皇位，因为格列高利选择支持亨利皇座的竞争者——莱茵费尔登的鲁道夫。在鲁道夫死后，亨利入侵意大利并进攻罗马城，内战爆发，格列高利被迫随同保护他的诺曼人一起逃跑。亨利在 1084 年被教皇克雷芒三世加冕为神圣罗马帝国皇帝，克雷芒是亨利选来替代格列高利的，格列高利不久后逝世。

叙任权之争并没有随着格列高利死去而结束，而是一直持续到了 12 世纪。双方最终在 1122 年的沃尔姆斯宗教协定中达成了妥协，教会在授职权上获得了更多的权力。

修道院改革

10 世纪和 11 世纪发生了一系列修道院改革，其中第一次就是为根除教会腐败而发起的克吕尼改革。由于修道院修建在属于该地区领主的领土之上，因此领主可以干涉教会事务，这就导致了买卖圣职等违规行为的出现。克吕尼修道院建立于 910 年，这也是为了消除教会受世俗影响所做的一次尝试。它的建立者是阿

基坦公爵威廉一世，他将修道院建在自己的领土上，并将其置于教皇的直接控制之下，而威廉所需要做的仅仅是祈祷而已。这所本笃会修道院是众多修道院中的第一所，而不是独立于其他修道院的存在，所有这些修道院都由克吕尼修道院院长控制。整个 11 世纪，克吕尼运动发展迅速，到了世纪末，已有超过 1000 所克吕尼修道院。

055

克吕尼修道院第三座教堂的建筑工程开始于 1088 年，正如图中所示，这座教堂的五个圣坛在 1095 年献给了教皇乌尔班二世

1098 年还有一次更进一步的修道院改革，一个由 20 名僧侣组成的团体，离开了位于勃艮第莫莱斯姆的修道院，想要更为虔诚地生活。他们在第戎南部一个叫熙笃的地方建立了自己的社区，熙笃会正由此得名。他们在那里严守最初的本笃会规，拒绝所有

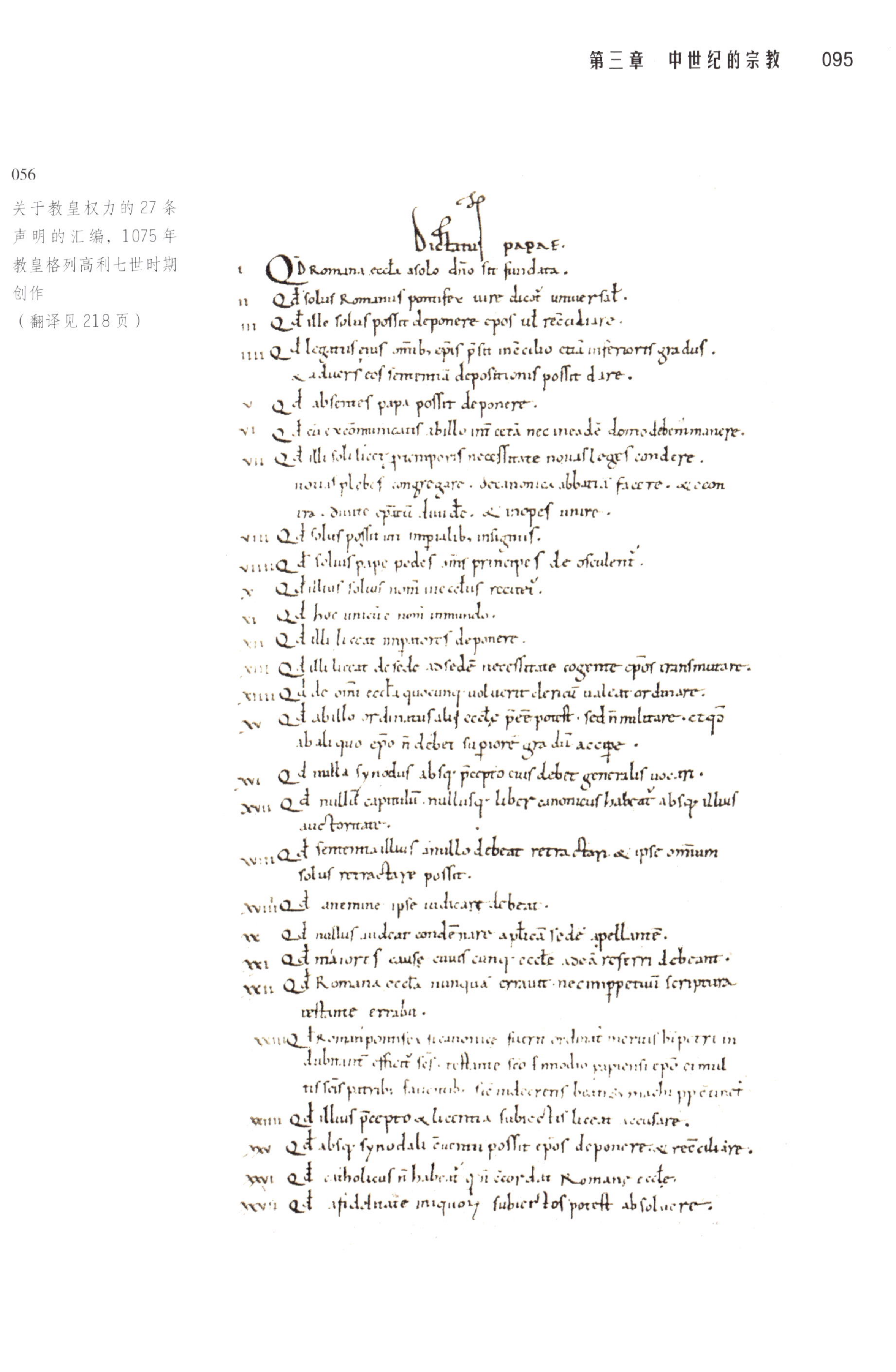

056

关于教皇权力的27条声明的汇编，1075年教皇格列高利七世时期创作

（翻译见218页）

057

《贝里公爵的豪华时诗书》的摘录——这本祈祷书由林堡兄弟为贝里公爵约翰创作，被认为是现存的法国哥特式装饰手稿中最好的例子

后世对会规的修改，并且极为强调体力劳动以及苦行。熙笃会在15世纪时达到鼎盛，其时整个西欧有超过700个熙笃会社区。

中世纪晚期的教皇权

尽管名义上在1122年告一段落，但教皇权与世俗国家的不和持续贯穿了整个12世纪。从1198年到1216年，教皇英诺森三世在这段任期内，重申并且扩大了教皇的权力，其目的在于将教皇权塑造为至高无上的权威。

英诺森三世利用神圣罗马帝国的内部冲突，借机恢复了教皇在教皇国的权力。他还参与到其他欧洲国家的政治事务中，在世俗冲突中巧妙地增长了教皇权的力量。到1216年英诺森三世死去的时候，他已经巩固了教皇的权力，并为后世的教皇奠定了发展的基础。

在13世纪，英诺森三世的继任者们纷纷效仿英诺森，甚至进一步扩大了教皇的权力，然而，情况在卜尼法斯八世任职教皇时有所变化。在13世纪末，英格兰的爱德华一世正因英国在法国的领地而跟法国的腓力四世打仗，双方某种程度上都通过向教士征税来筹集军费。任何向教士的世俗征税都必须得到教皇同意，卜尼法斯拒绝让这种情况继续下去。他发布了教皇训谕，声明一切未经教皇同意向教士征税的行为都将招致被逐出教会的后果。这份宣言并没有在法国得到理想的效果，卜尼法斯被迫放弃，很大程度上是因为腓力还以颜色，禁止法国的货币输出从而导致教皇的税收下降。腓力与卜尼法斯之间的争执一直持续着，并在1302年卜尼法斯发布《一圣教谕》时达到了顶峰。教谕宣称国王是从属于教皇的，作为回应，腓力宣称卜尼法斯为异端，还将其囚禁起来。在其短暂的囚禁过程中，卜尼法斯很可能遭受了虐待，并在获释后不久就过世了。

1309 年，克雷芒五世时期，由于权势家族之间的冲突以及来自腓力四世越来越大的压力，天主教会在罗马失去了安全感，因而决定迁移其权力所在地。阿维尼翁被选为新的教会首都，因为它属于教会封臣的辖地。在法国皇权的影响下，教皇驻跸阿维尼翁 68 年，所有的阿维尼翁教皇都来自法国。据说一些教皇和枢机主教在阿维尼翁任职时过着奢靡的生活，这引起了普遍的怨恨，让教会声誉大损。

058

克雷芒五世，穿着他的教皇长袍，戴着主教冠，骑着马经过佛罗伦萨。在腓力四世的帮助下，生于加斯科涅的克雷芒五世在选举中胜出，成为教皇。克雷芒任教皇时期，教皇驻地移到了腓力统治的法国阿维尼翁，腓力对教皇的许多决策产生了重大的影响

1375年，佛罗伦萨共和国对教皇的领土扩张等问题感到忧虑，在教皇辖地内发起了一次叛乱。佛罗伦萨人被逐出教会并遭到惩罚，他们成立了一个八人作战委员会（俗称八圣王）继续反抗教皇。最终在1377年，教皇格列高利十一世派出军队解决了这一问题，而自己则回到罗马城来保卫受到威胁的教会领土。这场战争——后世称为八圣王战争——最终在1378年以特里波利条约的签订而告终。

格列高利十一世在回到罗马城后不久便死去，来自意大利的乌尔班六世继承了格列高利的位置。在任职早期，乌尔班六世就设法疏远了许多枢机主教。这些枢机主教大部分都是法国人，他们回到了阿维尼翁并选出了自己的教皇。因此当时存在两个教皇，各自都有自己的行政中心以及自己的枢机主教，也都拥有一批拥护者，他们划清界限并将对方的拥护者逐出教会。欧洲的平民们被不同的思想所分裂，困惑盛行。事态的发展导致教皇权的地位遭受了灾难性的损害，教皇的权威不可避免地衰退。两位教皇的存在带来了巨大的负面影响，这场“天主教会大分裂”一直持续到1417年才得以平息，再一次恢复了原本只有一位教皇的状态。

约翰·威克里夫和罗拉德派

阿维尼翁教皇因其铺张浪费的生活而为人所知。约翰·威克里夫，这位14世纪的英国改革家以及持不同政见者，谴责教会不知节制并呼吁进行改革。他坚信教会不应该富有并反对像圣餐变体论这样的教条。终其一生他进行了大量的写作并宣扬其信仰，追随他观点的人们在1382年左右形成了罗拉德运动。威克里夫

059

1409年一幅手抄本插图中的阿维尼翁城，还能看得到教皇的宫殿。教皇的“巴比伦之囚”时期，将近70年的时间里教皇都居住在阿维尼翁而非罗马城。阿维尼翁的选址既因为它从属于教皇的封臣，又因为它位于法国

被控诉为异端，但没有人对其采取实际的行动，直到 1384 年死去时，他仍然在宣扬自己的改革观点，甚至在死后仍旧影响巨大。尽管遭到残忍的镇压，罗拉德运动还是持续到了 16 世纪。威克里夫最为知名的行动是发起了圣经的英语翻译工作，很多不懂拉丁语的英国人由此也能阅读圣经。

伊斯兰教的崛起

当教皇在西欧增强了天主教影响力之时，欧洲大陆南边也有一个新宗教诞生。610 年左右，一位来自麦加的商人开始在阿拉伯（现沙特阿拉伯）接收神示及神谕。

接着，他向他的家人宣扬这些神的启示，然后向他的朋友，最后向普罗大众。这位商人的名字叫穆罕默德，伊斯兰教的创立者，被大多数穆斯林认为是神的最后一位先知。

早期皈依伊斯兰的是穆罕默德的家人和朋友，然而人们对这个新的宗教有诸多反对。当时麦加城的克尔白是一个圣地，阿拉伯各部落纷纷来此敬奉圣殿中的偶像们。很多麦加人担心，如果多神信仰被一个新的不允许偶像崇拜的一神教所取代，伴随着朝圣活动而来到麦加的商贸也会消亡。因此，支持新兴的伊斯兰教不利于当地统治者以及商人的利益，穆罕默德及其追随者遭到了迫害甚至死亡的威胁。穆罕默德本人出身于显赫的哈希姆家族，家族首领是他的伯父艾卜・塔利卜，在家族的保护之下，尚可免于人身伤害，但他的追随者们就没有这么幸运，有些信徒遭受攻击甚至被杀害。

穆罕默德的人生在 619 年发生了巨大的变化，对他来说那是

اتیدی یا ابا یقضان نکل ورالم اول ایش اشلیان

060

麦地那的先知清真寺，最开始仅仅是一个毗邻穆罕默德宫殿的露天建筑物，穆罕默德本人和他的追随者们于622年在麦地那定居并建造了这座清真寺

一段悲伤的时期，忠实陪伴他25年的妻子以及伯父艾卜·塔利卜双双死去。他不仅失去了生命中最重要的两个人，还失去了家族的保护，因为新的首领并不支持他。在没有保护的情况，他容易遭受敌人的攻击，这使他陷入了危险的处境。穆罕默德与他的追随者们需要一个更为安全的新家园。穆罕默德开始跟来自雅特里布（也就是现在的麦地那）的代表团协商，在市民们立誓保护他们后，穆罕默德于622年迁至麦地那。

穆罕默德及其追随者在麦地那广受欢迎，当地许多居民都皈依了伊斯兰教。穆罕默德成了政治及宗教领袖，他的权势与日俱增。穆罕默德的追随者们跟那些曾经迫害过他们的麦加商人们之间仍存在龃龉，这些穆斯林在麦加的财产都被麦加商人们攫取，作为回击，穆斯林袭击了麦加的商队，夺回了失去的财产。双方的矛盾在624年告一段落，当时300名穆斯林士兵在距麦地那约80英里处的巴德尔遭遇了一支1000人的麦加武装部队，战役最终以麦加人落败告终。这也强化了穆罕默德在麦地那的地位，他比以往更有权势了。巴德尔之战是穆斯林的第一场主要的战役，其重要性不言而喻，因为它被视为伊斯兰教军事化传播以及数个世纪的穆斯林扩张的开始。

巴德尔之战并没有结束先知追随者们与麦加之间的冲突，在接下来的几年，更多的冲突和战斗接踵而来。穆斯林输掉了接下来的一场与麦加人的重要战役，然而，他们在627年麦地那遭受麦加人围攻时再次取胜。628年，他们与麦加达成了和约，但和平并没有持续多久，当麦加人撕毁和约时，穆罕默德挥师麦加并攻占了这座城市。他进入城市后的第一件事就是下令将所有偶像从克尔白圣殿中移除，从此以后克尔白成为一个伊斯兰教的礼拜场所。克尔白原本建造在一个古老圣殿的地基

061

624年的巴德尔之战，是穆罕默德取得的第一次重要的军事胜利。穆罕默德在麦地那的权势从此开始扩大，也标志了伊斯兰教的广泛扩张开始了

之上，这圣殿由亚伯拉罕所建，他是伊斯兰教、天主教及犹太教这三大宗教都熟知的最重要的人物。这之后，克尔白成了伊斯兰教的朝拜中心。尽管在那时麦加仍有其他朝圣活动，但现在它是伊斯兰教的圣地。

伊斯兰教在那个时候缓慢地传遍了阿拉伯地区。临终前的数年，穆罕默德率领军队进入了阿拉伯北部，并向叙利亚方向移动，沿途缔结盟友并完成了一些征服活动。穆罕默德与不同

062

在穆罕默德时代，麦加的克尔白是多神教徒朝圣的神殿，他们会长途跋涉来此礼拜他们的偶像。在攻陷麦加后，穆罕默德迅速行动，将这个圣地中的偶像全部移除

063

伊斯兰教的最初四位哈里发，四大哈里发时期的前后四任领导者。他们一共统治了29年，延续了穆罕默德在宗教和军事上的职责，包括伊斯兰国家的扩张

的游牧部族们订立协定，使伊斯兰教得到了进一步的传播。到了 632 年，大部分的阿拉伯地区都伊斯兰化了。在那一年，穆罕默德进行了第一次真正意义上前往麦加克尔白的伊斯兰教朝圣，随后他在城市东边的阿拉法特山进行了最后一次布道。几个月后他在麦地那死去，并埋葬在那里。他的陵墓是先知清真寺的一部分，今天坐落在一个显眼的绿色穹顶之下。

穆罕默德死后，他的密友及顾问艾卜・伯克尔继任，成为第一任哈里发，或称“安拉使者的继任者”，他也是四大哈里发时期的第一任哈里发。哈里发国是穆罕默德死后建立的、由一位哈里发统治的穆斯林国家。艾卜・伯克尔入侵了波斯及拜占庭帝国，开始了一系列征服。由于这两个大国之间在过去一个世纪的大部分时间都陷入了连续不断的交战，双双元气大伤，无力组织有效的防御。萨珊波斯首当其冲，633 年艾卜・伯克尔入侵帝国最富庶的地区伊拉克。伊拉克刚被攻克，向拜占庭帝国东部领土的挺进就开始了，穆斯林军队从伊拉克行军至拜占庭的叙利亚地区，同时跟这两个大国作战。在 634 年艾卜・伯克尔死去之时，穆斯林军队围困了著名的大马士革城。

艾卜・伯克尔的继任者是欧麦尔。在他的领导下，领土的扩张更为迅速。他的统治以其外交技巧以及对待被征服者的方式为特点，他允许这些人保留他们原有的宗教信仰和财产，并向他们提供保护，作为交换，被征服者必须交纳人头税且接受穆斯林的统治。到 661 年，穆罕默德的堂弟阿里，即四大哈里发中的最后一位死去之时，中东的大部分地区及整个波斯都已被伊斯兰教统治。

内战结束了四大哈里发时代。在阿里死后，新的倭马亚王朝建立起来。倭马亚王朝将大马士革设为伊斯兰世界的首都，

064
叙利亚大马士革的倭马亚清真寺（即大马士革清真寺）的庭院

715 年大清真寺在那里完工。倭马亚时期领土继续扩张，对拜占庭领土的侵占一直持续着，并于 674 年第一次围攻君士坦丁堡。678 年，倭马亚王朝的军队被击败，接下来的 30 年间都没有回来进攻君士坦丁堡，直到 30 年后再次被彻底击溃。然而，他们仍旧占据着拜占庭过去的领土，从安条克直到安纳托利亚高原。

065
大马士革清真寺由倭马亚哈里发瓦立德一世建造，是至今仍存在的最古老的石制清真寺之一

到了 709 年，北非被完全征服，哈里发们开始将注意力转向伊比利亚半岛（今天的西班牙和葡萄牙），随后西哥特帝国覆灭，穆斯林占据了伊比利亚半岛，远达阿斯图里亚斯。如果不是于 732 年在法国南部被法兰克人击退，他们还将征服更远的地方。在倭马亚王朝时期，国家版图达到顶峰，而拜占庭则萎缩到最初的五分之一。750 年，倭马亚王朝被阿拔斯王朝推翻。在阿拔斯王室对倭马亚王室的屠杀下，只有一位倭马亚王子存活了下来，他在伊比利亚半岛建立了科尔多瓦哈里发国家，在接下来几个世纪里繁荣发展。

阿拔斯王朝的统治一直持续到 13 世纪。他们做出的第一个改变是将首都从大马士革迁到伊拉克，762 年他们在那里建立了巴格达城。他们还将哈里发的大部分权力下放给地方上的统治者们，称为埃米尔，后者拥有很大的自主权。在阿拔斯王朝的早期，伊斯兰世界成为了教育、文学、哲学、科学和医学的中心。位于巴格达的智慧宫充当着图书馆和教育中心的作用。全世界的伟大作品都被翻译成阿拉伯语并保存在那里，穆斯林和非穆斯林的学者们都来这里进行翻译、研究和讨论。

尽管早期发展繁荣，但也正是阿拔斯王朝时期，帝国开始逐渐分裂。部分边远地区被一些从帝国中分裂出来的不同派系

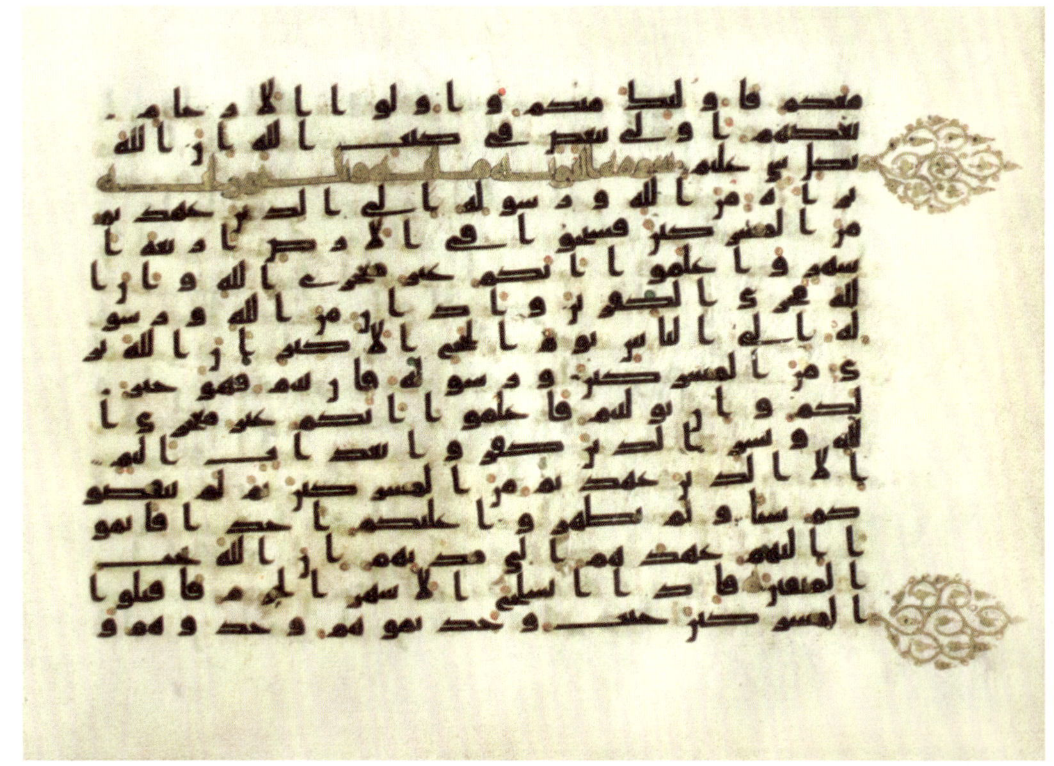

066
《古兰经》中的一段节选，《古兰经》是伊斯兰教的主要宗教文本，被广泛认为是阿拉伯文学中最出色的作品

067
16世纪一部《古兰经》中的两页
（见下页）

所占据，当地的埃米尔变得越来越强大，他们的领土逐渐成为拥有独立主权的国家，由世袭君主们全权统治。哈里发的马穆鲁克，最初是以外籍奴隶身份服务于哈里发的士兵，他们的权力经过多年发展，于935年创建了埃米尔乌马拉——“将军中的将军”这一头衔，这是实权的掌握者，也是军队的领袖。到了10世纪中期，哈里发失去了大部分的权力，成为有名无实的傀儡君主。实权由埃米尔们所行使，他们大部分是马穆鲁克，视哈里发为傀儡并控制着王位的继承。

《古兰经》

《古兰经》，或称《可兰经》，字面上意思是“诵读”，被穆斯林视为神的启示。从610年到他去世前的这一段时间里，穆罕默德获得了这些启示并向他的追随者们宣扬《古兰经》，很多人记了下来。在穆罕默德死后，他的继承者艾卜·伯克尔下令编撰一部手写的《古兰经》，这一文本随后又传给了下一个哈里发欧麦尔，在其死后传给他的女儿——穆罕默德的遗孀哈芙赛。欧麦尔的继任者奥斯曼认为，方言上的差异容易引起分歧，因此下令建立一个标准的古兰经文本。最终的版本产生，所有其他版本的古兰经都被宣布无效并被销毁，这正是沿用至今的古兰经。

اولئك على هدى من ربهم واولئك هم المفلحون ان الذين
كفروا سواء عليهم ءانذرتهم ام لم تنذرهم لا يؤمنون
ختم الله على قلوبهم وعلى سمعهم وعلى ابصارهم غشاوة
ولهم عذاب عظيم ومن الناس من يقول آمنا بالله وباليوم
الآخر وما هم بمؤمنين يخادعون الله والذين آمنوا وما
يخدعون الا انفسهم وما يشعرون في قلوبهم مرض فزادهم الله
مرضا ولهم عذاب اليم بما كانوا يكذبون واذا قيل
لهم لا تفسدوا في الارض قالوا انما نحن مصلحون الا انهم
هم المفسدون ولكن لا يشعرون واذا قيل لهم آمنوا كما

سورة فاتحة الكتاب

بسم الله الرحمن الرحيم

الحمد لله رب العالمين الرحمن الرحيم مالك يوم الدين

اياك نعبد واياك نستعين اهدنا الصراط المستقيم

صراط الذين انعمت عليهم غير المغضوب عليهم ولا الضالين

سورة البقرة مايتان وثمانون وست اية مكيه

بسم الله الرحمن الرحيم

الم ذلك الكتاب لا ريب فيه هدى للمتقين الذين يؤمنون

بالغيب ويقيمون الصلوة ومما رزقناهم ينفقون والذين

يؤمنون بما انزل اليك وما انزل من قبلك وبالآخرة هم يوقنون

Chapter IV
Medieval Culture

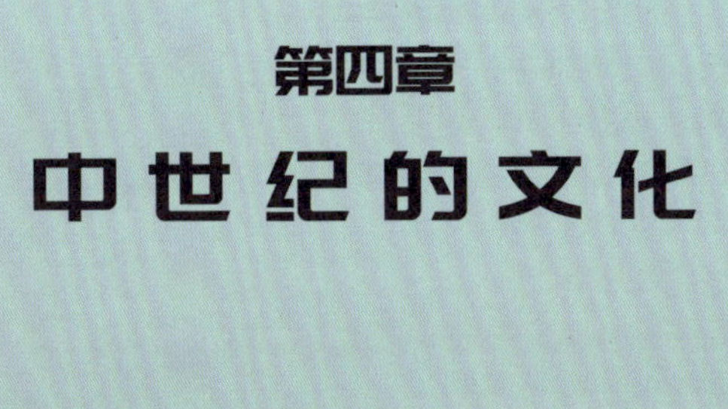

第四章 中世纪的文化

当文字出现时，它们只是没有音乐的空壳。当我们将文字唱出来，它们才活了过来，因为文字是身体，而音乐则是灵魂。

——宾根的希尔德加德（1098—1179）

Whan þat Aprill wiþ his schoures sote
þe drought of marche haþe perced to þe rote
And baþed every veyne in suche lycoure
Of whiche vertue engendered is þe floure
Whan zephirus eke wt his swete breþe
Inspired haþe in every holte & hethe
The tendre croppes & þe yonge sonne
Haþe in þe Ram his half cours ronne
And smal foules maken melodye
þat slepen al nyght wiþ open ye
So prikeþ hem nature in her corages
Than longen folke to gone on pilgrimages
And palmeres for to seke straunger strondes
To ferne halowes couþe in sundre londes
And specialy from every schyres ende
Of Engelond to Canterbury þei wende
The holy blisful martir for to seke
That hem haþ holpen whan þei were seke
It befel þan in þat seson vpon a daie
In Southewerke att þe tabard as I laie
Redi to wende on my pilgremage
To Canterburye wiþ ful devoute corage
At nyghte was come in to þat hostellerie
Wel nyne and twente in a companye
Of sondre folke be aventure yfalle
In felawschipe & pilgrimes were þei alle
To warde Canterbury þat wolde ride
The chambres & stables weren wyde
And wele weren esede att þe beste
And schortly whan þe sonne was to reste
So had I spoken wt hem everychone
þat I was of her felawschep anone
And made forw[illegible]ly for to rise
To take owre way þare as I yowe devyse
But naþeles while I have tyme & space
Er þat I ferþer in þis tale pace
Me þenkeþ it accordant to resone
To tell yowe all þe condicione
Of iche of hem so as it semed me
And whiche þei were & of whate degre
And eke in whatte array þat þei were inne
And att a knyghte þan wol I first begynne.

中世纪的音乐

直到 12 世纪，格列高利圣咏都一直是中世纪欧洲最流行的音乐形式。它是单声部的，意味着它只有单一的旋律且没有任何乐器伴奏。这样的礼拜仪式圣歌由宗教团体成员们或男性组成的教堂唱诗班完全一致地咏唱。

像格列高利圣咏这样的素歌原本是口头传唱的，直到 10 世纪早期第一份乐谱的出现，这些歌曲才被记录了下来。这些早期的乐谱使用一些特殊的符号“纽姆”来表示圣歌的音符和韵律。然而它们通常并没有展示所咏唱的准确音符或韵律，相反，它们只是表现出了音乐的整体形式。纽姆以各种形式一直使用到了 11 世纪，直到四线谱——今天使用的五线谱的雏形——的出现。

到 9 世纪末，圣歌变得更加复杂，在主旋律之上又增加了另一个旋律，这就产生了第一个和声。到了 10 世纪末，基础的和声得到进一步发展，最初的旋律会随着音符拉长而被慢慢地唱出来。在每个原始的音符之间，都会有另一个演唱者咏唱其他一些不同的音符，产生了比原来复杂很多的声音。这些多声部的圣歌在整个中世纪时期继续发展，成为内容丰富且充满活力的声音。

音乐并不仅仅应用于教会礼拜，还常见于世俗生活。12、13 世纪的吟游诗人们经常游走于法国、意大利、西班牙以及德国，唱着他们自己创作的歌曲，赞颂骑士精神、战争和宫廷爱情。许多吟游诗人到处行走，也有一些拥有赞助人，通常是一位贵族或是贵妇，而这些吟游诗人就会长时间跟他们的恩主待在一起。吟

068

这一页摘自杰弗里·乔叟最著名的作品《坎特伯雷故事集》的序言，这本书是一群朝圣者为了打发旅途中的时光而讲述的一系列故事。乔叟在 14 世纪末写了这本书，他利用小说和他笔下的人物来嘲笑英国社会和教会

（翻译见 219 页）

069
很多吟游诗人们会辗转于宫廷之间，向贵族和王室成员们吟唱着他们创作的以爱情和战争为主题的诗歌。正如这幅插图中所展示的，他们演奏着一些不同的乐器，包括号角、中提琴、鲁特琴、风笛、三角铁和鼓

游诗人来自各行各业，从公爵到商人。阿基坦的埃莉诺的祖父阿基坦公爵威廉九世是第一个为人所熟知的吟游诗人，他的作品流传至今。

吟游诗人的歌通常都有一种乐器伴奏，竖琴是其中比较受欢迎的一种。吟游诗人还会演奏鲁特琴、维奥尔琴、小提琴和其他弦乐器，比如西特琴、曼陀林或是索尔特里琴。中世纪还出现了大量的木管乐器和打击乐器，这些乐器包括长笛、管乐器、直笛、风笛、铃鼓、锣鼓和铜钹，其中许多成为现代乐器的先驱。

070

鲁特琴（左）是当时流行的一种乐器。早期的鲁特琴有四根单弦，而后期的版本有了成对的弦（如图所示）。肖姆管（中）起源于东方的伊斯兰地区，它也是双簧管的前身。单面小鼓（右）是一种可以用单手演奏的鼓

071

《圣母颂歌集》中的插图描绘了13世纪的吟游诗人。《圣母颂歌集》由超过400首颂扬圣母玛利亚的歌曲组成

中世纪的文学

中世纪的文学包含了很多不同的领域，人们写下了形形色色的手稿，从寓言书到史诗，从军事论述到宗教册子应有尽有。早期的书籍是用精细的字迹手写于羊皮纸或牛皮纸上的，其中一些还煞费苦心地配上了精心制作的装饰性插图来阐明内容。有一些书籍，比如起源于 9 世纪早期的《凯尔斯书》，是这些配有装饰画的手抄本中的精美典范。

手抄本的封面可用各种不同材料制成，从普通木材或皮革，到嵌入宝石、雕工华丽的象牙。书是财富的象征，被视为珍宝。

修道院有独立的用于抄写文本并制成书本的缮写室。由于僧侣们使用的是拉丁语，因此许多早期的作品都用拉丁语写成。人们缮写了许多宗教作品，从圣经到教皇著作，如教皇格列高利一世的《对话录》和布道文，此外还有教学书籍和祈祷书。那个时代最受欢迎的宗教作品之一是各种版本的时令书，内容包含了祷文和其他宗教内容，很多还配以丰富的彩绘和宗教场景图。

中世纪早期的许多作品都是随着故事的代代相传而形成的，像《贝奥武夫》，一部用古英语写成的盎格鲁 – 撒克逊史诗可以追溯到约 8 世纪，还有早期冰岛的“萨迦”很可能也是这样开始形成的。它们都用本国的语言而非拉丁语写成。

在中世纪鼎盛时期，人们开始陶醉于诸如宫廷爱情之类的理想，吟游诗人们辗转于宫廷之间，歌颂着骑士精神、宫廷爱情以及英勇气质。虽然这些故事是唱给听众的，也会被写下来并保存在歌曲集中。阿基坦公爵的作品，是现存最早的游吟诗人歌曲。

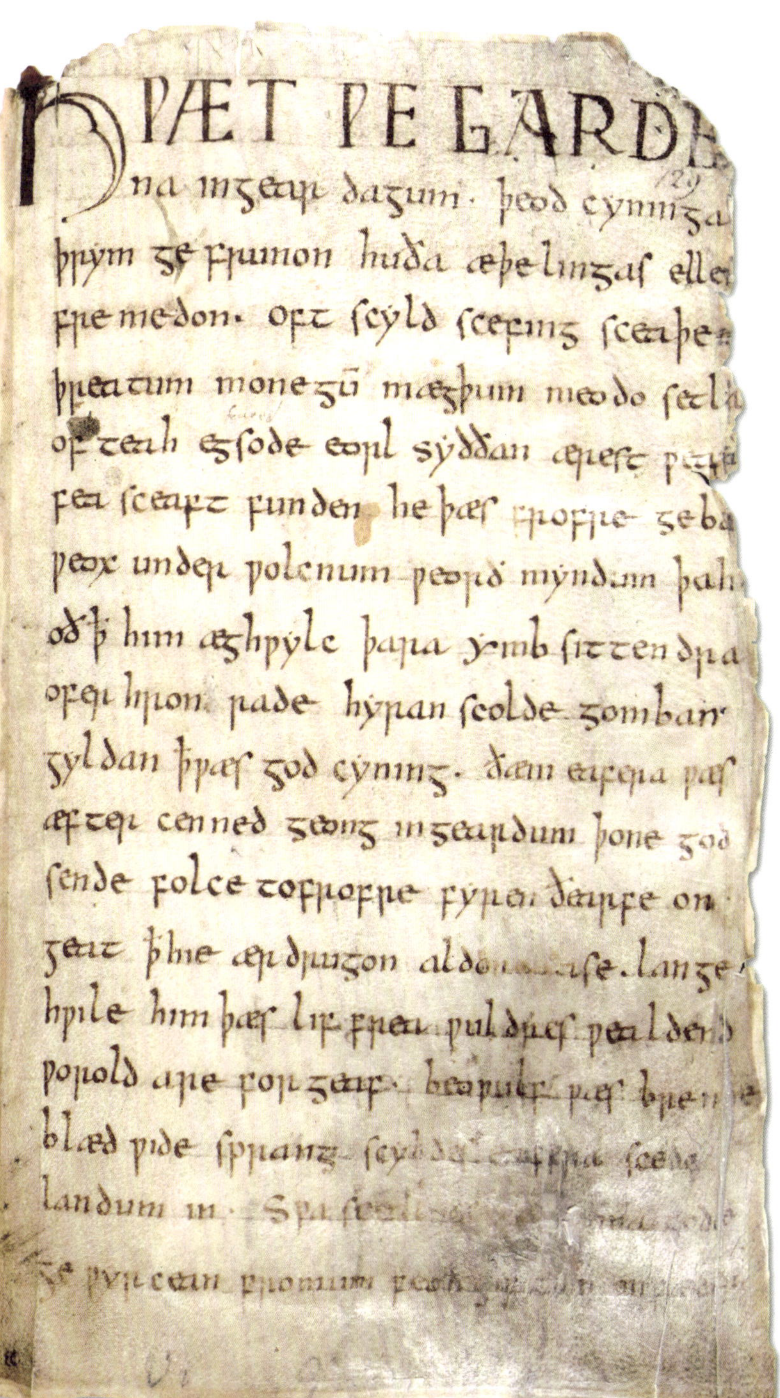

072

许多故事，如《贝奥武夫》，都是口口相传的，直到很久以后才被写下来。这是《贝奥武夫》10世纪版本的第一页

073

《罗兰之歌》是法国最古老的主要文学作品之一，这部可追溯到1140—1170年的作品流传至今。它讲述了查理曼的一位封臣罗兰的故事，罗兰的继父加奈隆欺骗他参加了778年的隆塞沃战役。在这里，罗兰吹响了他的号角求救，最后因血管爆裂而死，随后圣徒们将他的身体带到了天堂（见下页）

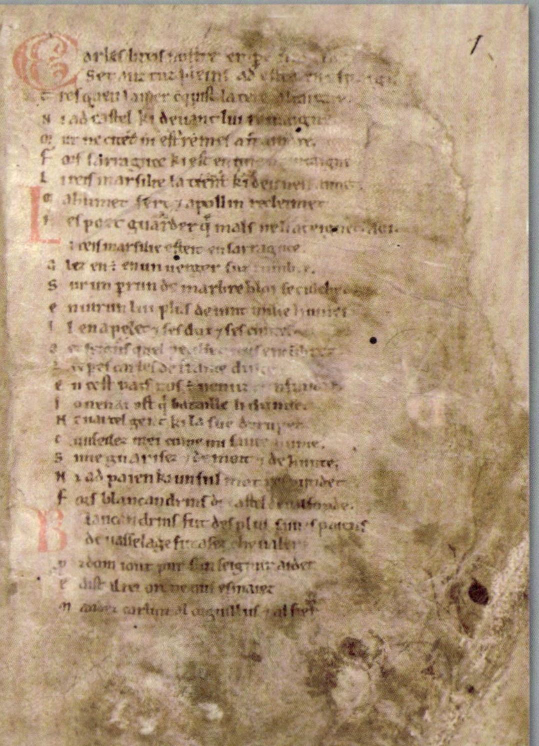

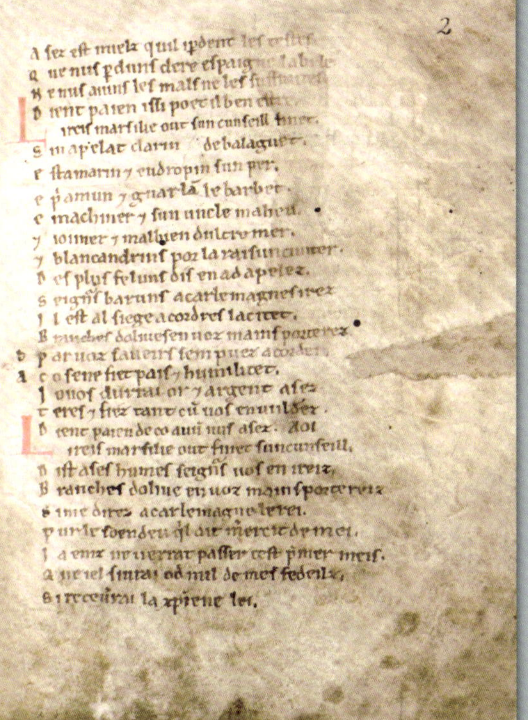

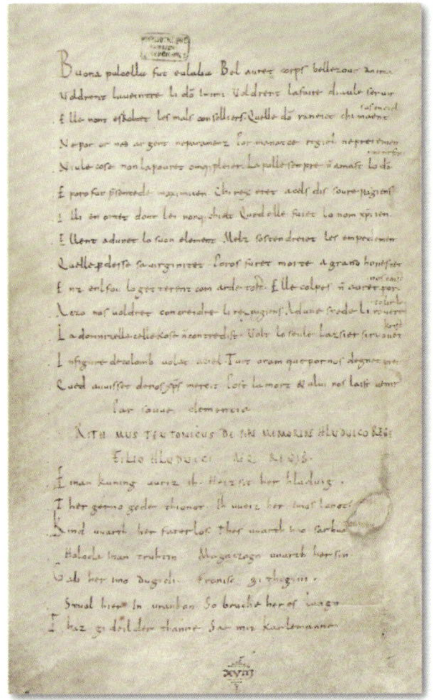

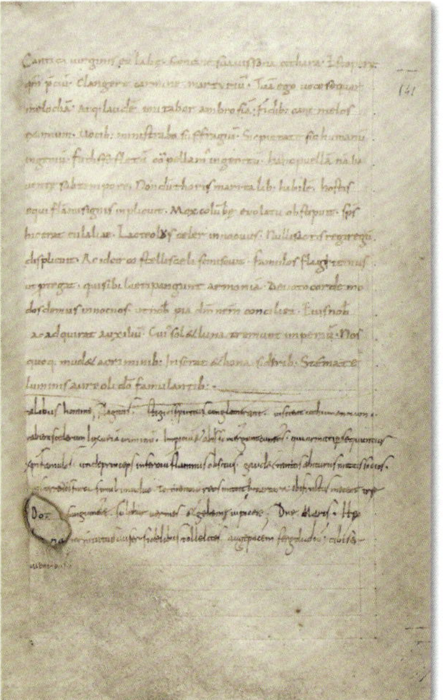

074

《圣尤拉莉亚赞歌》中的两页。这是现存的最早的法国圣徒传记，大约可以追溯到8世纪。它讲述了西班牙梅里达的圣尤拉莉亚的故事，在303—311年期间罗马皇帝戴克里先发起的对基督教徒的迫害中，她被杀害了

这一时期流行的世俗作品涉及很多的主题，包括战争（《罗兰之歌》《熙德之歌》）、传说和神话（《马比诺吉昂》《亚瑟王之死》）、旅游（《马可波罗游记》《坎特伯雷故事集》）和宫廷爱情（《论爱情》）。

并非所有的中世纪作品都是宗教著作或文学作品，在伊斯兰世界，许多古希腊、古罗马时期的著作都被翻译成了阿拉伯语。伊斯兰哲学家、物理学家和学者们以这些文本为基础，开展自己的研究，涉及医学、炼金术和代数学等。这些作品后来多被西欧社会翻译、学习和研究，又促成了进一步的发现和发展。

印刷机是中世纪最为重要的发明之一，这个机器负责将新闻和信息带给普通民众，从而改变了历史的进程。约翰内斯·谷登堡被认为是第一台带有可移动字母的印刷机的发明者，他使

075
1498年出版的书上所描绘的一台印刷机。约翰内斯·谷登堡的发明让文字更容易获取。在中世纪，只有富人和在教会任职的人才具备拥有或阅读手稿所需的教育或财富

076
《谷登堡圣经》是西方世界第一本用活字印刷的主要书籍，这里包括《创世纪》的前两页。在《谷登堡圣经》印刷之前，世界上还未形成圣经文本的标准，约翰内斯·谷登堡的版本成为了后来版本的基础（见下页）

用自己发明的一种合金来制作这些字母，并使用油墨来完成印刷。他创造了早期大规模书籍生产的完美形式。他最为人所铭记的是《谷登堡圣经》，也就是在 1456 年用他的印刷机印制的《四十二行圣经》。

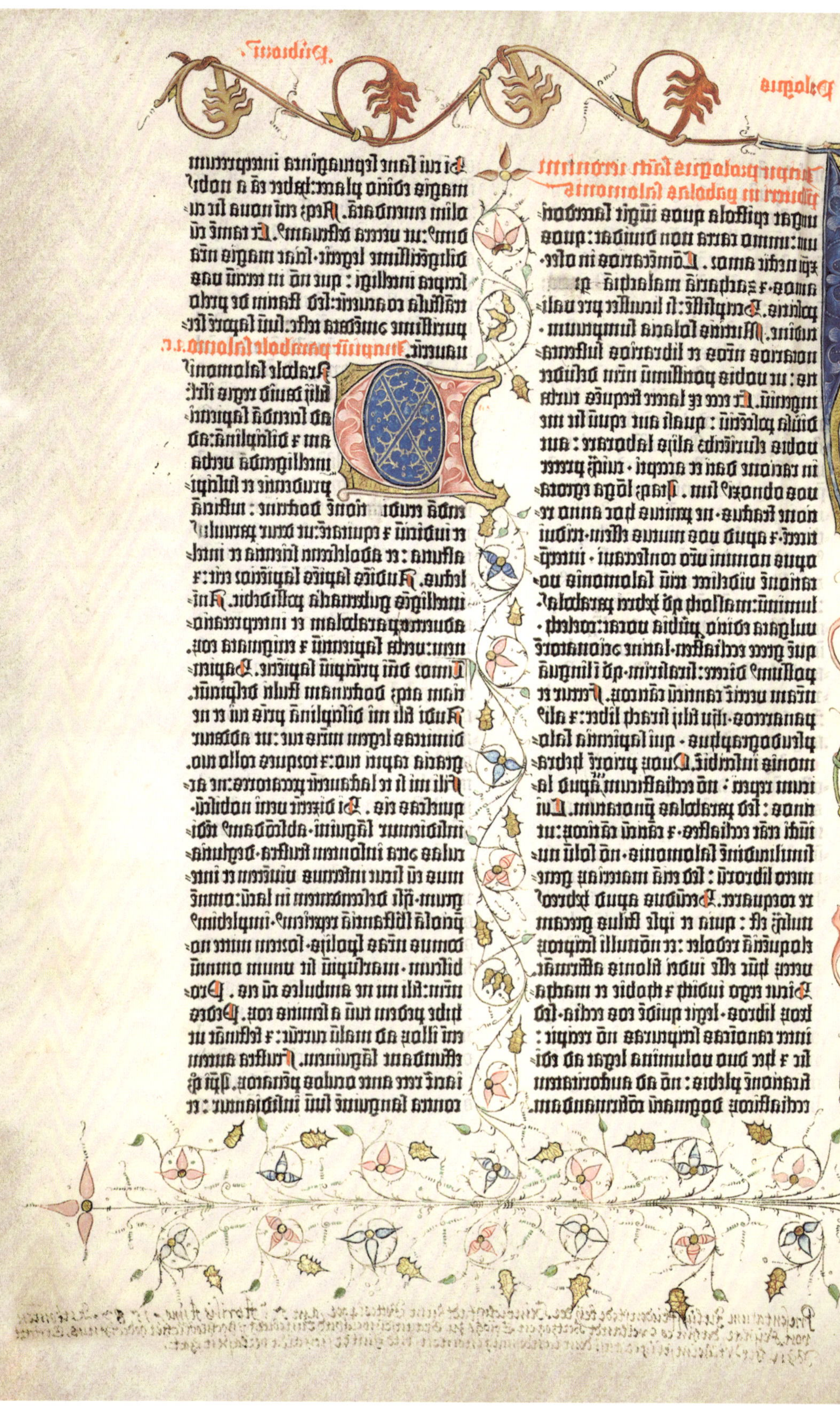

Et factū ē uespe ⁊ mane dies sext⁹. c. ii.
Igitur pfecti sunt celi ⁊ terra: ⁊ omnis or-
natus eoꝝ. Compleuitq; de⁹ die sepi-
mo op⁹ suū qḋ fecerat: ⁊ requieuit die
septimo ab uniuso opere qḋ patrarat.
Et benedixit diei septimo: ⁊ sctificauit
illū: qa ī ipo cessauerat ab omi opere
suo qḋ creauit de⁹ ut faceret. Iste sunt
generatōnes celi ⁊ terre qn̄do create sūt
in die quo fecit de⁹ celū ⁊ terrā: ⁊ omne
uirgultū agri antēq; oriret in terra: o-
mnēq; herbam regionis priusq̄ ger-
minaret. Non eni pluerat domin⁹ de⁹
sup terram: ⁊ homo non erat qui ope-
raret terrā. Sed fons ascendebat e ter-
ra: irrigans uniuersam supficiem ter-
re. Formauit igitur domin⁹ deus de
limo terre: ⁊ inspirauit in faciē ei⁹ spi-
raculū uite: ⁊ factus ē homo in animā
uiuentē. Plantauerat autē domin⁹
deus paradisum uoluptatis a princi-
pio: in quo posuit hominē quē for-
mauerat. Produxitq; dn̄s deus de hu-
mo omne lignū pulchꝝ uisu ⁊ ad
uescendū suaue: lignū etiā uite in me-
dio paradisi: lignūq; sciētie boni ⁊ ma-
li. Et fluuius egrediebat de loco uolu-
ptatis ad irrigandū paradisum: qui
inde diuidit in quatuor capita. Nomē
uni phison. Ipse est qui circuit omnē
terrā euilath: ubi nascit aurū: ⁊ aurū ter-
re illi⁹ optimū ē. Ibiq; inuenit bdelliū ⁊
lapis onichin⁹. Et nomen fluuij scdi
gyon. Ipse ē qui circuit omnē terram
ethiopie. Nomen uero fluminis tercij
tigris. Ipe uadit cōtra assirios. Flu-
uius autē quart⁹: ipe ē eufrates. Tulit ergo
dn̄s de⁹ hominē ⁊ posuit eū ī paradiso
uoluptatis: ut operaret ⁊ custodiret
illū: precepitq; ei dicēs. Ex omi ligno pa-
radisi comede: de ligno autē sciētie bo-
ni ⁊ mali ne comedas. In quocūq; enim
die comederis ex eo: morte morieris.
Dixit quoq; dn̄s de⁹. Nō ē bonū hominē
esse solū: faciam⁹ ei adiutoriū sile sibi.
Formatis igit dn̄s de⁹ de humo cun-
ctis animātibus terre ⁊ uniusis uolati-
libus celi: adduxit ea ad adā: ut uideret
qd uocaret ea. Omne eni qḋ uocauit
adam anime uiuentis: ipm ē nomen
eius. Appellauitq; adā nominibus suis
cūcta animātia: ⁊ uniusa uolatilia
celi ⁊ omnes bestias terre. Ade uero nō
inueniebat adiutor silis ei⁹. Immisit
ergo dn̄s deus soporē in adam. Cumq;
obdormisset: tulit unā de costis eius:
⁊ repleuit carnē pro ea. Et edificauit
dn̄s deus costā quā tulerat de adam
in mulierē: ⁊ adduxit eam ad adam.
Dixitq; adā. Hoc nūc os ex ossibus
meis: ⁊ caro de carne mea. Hec uoca-
bitur uirago: qm̄ de uiro sumpta est.
Quamobrē relinquet homo patrē suū
⁊ matrem ⁊ adherebit uxori sue: ⁊ erunt
duo ī carne una. Erat autē uterq; nud⁹
adā scilicet ⁊ uxor ei⁹: ⁊ nō erubescebāt.
Sed ⁊ serpens erat callidior ca. iii.
cūctis aīantibus terre: q̄s fecerat dn̄s
de⁹. Qui dixit ad mulierē. Cur pcepit
uobis deus ut nō comederetis ex omni
ligno paradisi? Cui respondit mulier.
De fructu lignorū que sunt in paradi-
so uescimur: de fructu uero ligni quod
est in medio paradisi pcepit nobis de-
us ne comederemus: ⁊ ne tangerem⁹
illud: ne forte moriamur. Dixit autē
serpens ad mulierem. Nequaq̄ morte
moriemini. Scit enim deus q̄ in quo-
cūq; die comederitis ex eo: apientur
oculi uestri: ⁊ eritis sicut dij scientes
bonū ⁊ malum. Uidit igitur mulier
q̄ bonū esset lignū ad uescendum: ⁊
pulchrum oculis aspectuq; delectabile:
⁊ tulit de fructu illi⁹ ⁊ comedit: deditq;

贝叶挂毯

贝叶挂毯是从中世纪流传下来的最重要也是最著名的艺术作品之一，这一巧夺天工之作，既是价值无法估量的艺术品，也是中世纪最为重要的历史记录之一。

尽管有一个这样的名字，贝叶挂毯实际上并非一个挂毯，而是一块布满刺绣的织物。贝叶挂毯用拉丁文注解，周围环绕着神话人物和伊索寓言中的场景，讲述了英格兰的诺曼征服，并以黑斯廷斯战役告终。它描述了英格兰国王忏悔者爱德华的

077

在这一部分的贝叶挂毯中，许多人战死，哈罗德也在战役中身亡，他被人用剑砍倒，而非被一支箭射穿了眼睛（见下图）

内兄哈罗德·葛温森的故事。1064 年，他在蓬蒂厄遭遇海难，被诺曼底公爵威廉救下后，哈罗德立誓支持威廉进行征服，取代忏悔者爱德华成为英格兰国王——他后来打破了这个承诺。哈罗德随后返回英格兰，并在爱德华死后被推举为国王。挂毯从诺曼人的角度来看待这段历史，试图证明威廉为了取回理应属于自己的领土所发动的入侵是合法的。

078

图中正在宴会上为食物和葡萄酒赐福的贝叶主教厄德，是威廉的同母异父弟弟。厄德在黑斯廷斯战役中与他的兄弟并肩作战，在 1067 年被封为肯特伯爵

（见下页）

挂毯是用羊毛纱线绣在未经漂白的亚麻布背景上的，采用了两种方法进行缝制：第一种是轮廓绣，用于绣制字母以及图形的轮廓，而第二种方式在今天被称为“贝叶缝线”——在织物上铺线，然后用更多的铺线与原始线成直角固定住，每隔一

HIC FECERUN: PRANDIV

ET·HIC·EPISCOPUS:CIBU:ET:
POTU: BE NE DIC IT·

079

征服者威廉的妻子玛蒂尔达，因委托制作了贝叶挂毯而知名。然而更有可能的是，贝叶挂毯是由威廉的弟弟贝叶主教厄德下令制作的

段距离就把线缝到面料上。第二种缝线是用来填充图形的。然后把亚麻嵌板缝在一起，缝合处覆盖着更多的刺绣。它本应比我们今天所能看到的 70 米还要长，但有一部分后来缺失了，很可能是描绘威廉加冕的场景，然而并没有确切的关于它所展示内容的记录。

挂毯包含了几个秘密，其中一个场景看起来像是一个教士在爱抚（也可能是在击打）一个妇女的面部。上面的铭文写着“*ubi*

unus clericus et Aelfggva”（某个教士与艾尔佛基弗），历史学家们推测这指的是当时一个著名的丑闻。除了这个通常被称为“神秘女子”的女人，只有另外两位妇女出现在挂毯描绘的总共623人的主叙事图像上，一位被认为是忏悔者爱德华的妻子、哈罗德国王的妹妹伊迪丝，而另一位从黑斯廷斯一栋燃烧着的建筑物中逃出来。

挂毯被认为是在11世纪70年代左右由征服者威廉同母异父的弟弟贝叶主教厄德委托，为纪念威廉在黑斯廷斯战役中所取得的伟大胜利而制作，而在一个浪漫的法国传说中，挂毯是由威廉的妻子玛蒂尔达王后和她的宫廷侍女们设计并委托制作的，也有一些历史学家认为它完成于1077年贝叶大教堂的落成典礼之时，而大多数意见认为其完成时间不晚于1092年。人们普遍认为挂毯是由英国刺绣工在英格兰制造，因为它跟英国当时的其他作品相似，而挂毯上的拉丁文本又隐约提及了盎格鲁－撒克逊。

根据1476年的记录显示，挂毯每年会在贝叶大教堂进行为期一周的展出（庆祝施洗者圣约翰节），但并没有记录显示这一惯例是什么时候开始的。今天我们能在法国诺曼底大区的贝叶博物馆看到这个挂毯，而在世界的不同地方也有许多挂毯的复制品在展出。

挂毯是由胜利者们委任制作的，因此它是从诺曼人的视角来描述事件。尽管有这样的偏见，它依然是一份珍贵的原始史料，不仅提供了诺曼征服的细节，还有关于当时的兵器、服装和神话的信息。在上个世纪挂毯经过修复，尽管是出于好意，但现代工艺的针脚填补了织物中的缝隙，使其准确性受到了损害。不过瑕不掩瑜，就其珍贵的材质和史料价值而言，贝叶挂毯堪称真正的历史瑰宝。

旅行

在中世纪，人们有很多出行的理由，不管是商人销售货物，贵族视察他的领地，或是朝圣者希望换取他在天堂的一席之地，各行各业的人都会有出行的原因。

中世纪的国王和统治者们出行时，都会伴随着庞大的出行队伍。他们会跟家人、廷臣在领地上四处游走，处理内部事务并维持他们对领地的控制，他们也会旅行至其他地区，大多数是因为政治活动、家庭原因或是战争。贵族们通常会有分布广泛的领地，需要花大量的时间在这些分散的领地之间游走，这同样是为了维持他们对领地的控制，让人们感觉到领主的存在。当国王和贵族们旅行的时候，他们会尽一切努力来确保他们尽可能舒适，无论是行进中还是停留过夜。在夜里，国王有权住在他任何一位封臣的住所中，这对封臣来说也不算什么开销。

旅行者们有时候是为了宗教原因而踏上旅途的，宗教团体的成员们，像圣奥古斯丁就会旅行到异教徒的土地上，试图让那些居民们信仰基督教。朝圣者们会前往像耶路撒冷或是罗马城这样的圣地，朝圣通常由各行各业的人徒步完成，不管是自由农还是贵族。还有另一个出行的宗教原因，那就是十字军东征，十字军们会徒步、骑马或坐船远行千里前往圣地，这样的旅途会花费好几年时间，还会遭遇很多艰难险阻，比如饥饿、敌袭和疾病，经常导致十字军惨死异乡，远离家园和心爱的人。

在中世纪，出于贸易原因的旅行是很常见的。像通往亚洲的

080
前往圣地路上的朝圣者们。朝圣者们面临着许多危险，从敌对土地上的敌人到饥饿和疾病，许多人再也没能从他们神圣的追求中回家

丝绸之路这样的路线，是从东方进口奢侈品时常用的路线。然而并不是所有的商人都会去这么远的地方，很多人只是在城镇之间售卖他们的货物，货物用马车或马匹运输。伴随着贸易，冒险家们跑得越来越远，所得到的探索发现也越来越多，马可波罗就是这样的一位冒险家，他记录了自己在亚洲的旅途和体验，给我们留下了《马可波罗游记》这部经典。

在旅途上，找个住所过夜是比较可取的方式，在户外睡觉会很容易受到袭击。修道院和女修道院通常会招待旅行者。有时候也能找到招待所和旅馆，特别是在朝圣路线上。人们偶尔也会向旅行者们敞开家门，提供过夜之处，尽管可能只是谷仓的角落。

旅行的方式取决于财富，买不起马的穷人徒步行走，富人则

081

乔叟的《坎特伯雷故事集》中的骑士。朝圣者们在伦敦的萨瑟克相遇，前往坎特伯雷的托马斯·贝克特的坟墓

骑马旅行，骡子和驴也被用于客运和货运，最富有的人会坐在有篷的马车中旅行。水路旅行由各种不同的船舶来承担，驳船行使在连接城镇的河道上，维京人使用他们与众不同的维京长船在海上劫掠、贸易和探险。西欧人还会用帆船将他们的士兵带到战场或是运输货物。十字军东征时，有大量的人员和马匹通过船只进行运输，船舶必须靠岸停泊来获取补给品和淡水，这意味着经由海路旅行会是一个非常漫长的过程。在中世纪晚期，磁罗盘的出现使得海路旅行变得容易多了，在能见度低的情况下航行也可以顺利完成。

旅行并不是一件易事，大多数道路的状况都很糟糕，即便是非常短途的旅行都很费力，糟糕的路况经常导致事故发生，比如

082
在1067年的手抄本《格朗特·卡姆之书》中，探险家马可波罗离开威尼斯。马可波罗并不是他家族中第一位探险家，他的父亲和叔父都是经常旅行的商人，并在他前往东方的路途中相伴而行。马可波罗侍奉了蒙古大汗忽必烈将近20年才回到威尼斯的老家

被绊倒的马将骑手甩出或使马车倾覆，两者都会导致受伤甚至死亡。旅行者们还会遇到其他危险，土匪和小偷们会掠夺那些不谨慎的旅行者，而那些途经敌国土地的，诸如前往圣地的朝圣者们就会一直在敌军攻击的威胁之下。在海上，海盗的威胁总是若隐若现，遇到海难的可能性也非常大。总之，旅行的危险相当普遍，很多人在路上失去了性命，再也没能归家。

Chapter V
War and Conquest

第五章

战争与征服

“对于没有战争经验的人来说，战争是令人愉快的。”

——德西德里乌斯·伊拉斯谟（1466—1536）

维京人

维京人来源于今天斯堪的纳维亚地区的异教部落，随着查理曼不断对外扩张，法兰克帝国逐渐与丹麦人的土地接壤。丹麦人也是这些北欧异教部落中的一支，维京人就来自这些部落。

并非所有斯堪的纳维亚人都是维京掠夺者，其中很多是农民和商人。然而，最出名的还是部落中的那些航海者，他们以对沿海修道院、城镇的残暴袭击，及其贸易和殖民远征而闻名。没有人知道是什么让他们开始进行劫掠，斯堪的纳维亚人口过剩可能会是一个关键因素，另外许多被袭击的地点拥有大量的战利品，并且缺乏防御能力，也很可能是吸引他们前来洗劫的原因。

一次袭击有可能需要几艘或者数量巨大的船只一同航行，船上装载着一支强大的军队，他们令受害者们心惊胆战，并且这些受害者常常措手不及，几乎没有时间进行任何形式的防御。在英国，第一次有记录的维京袭击是在 793 年，林迪斯法恩的修道院遭受洗劫。这次袭击并没有任何的预警，也没有机会组织防御，维京人横扫了这个岛屿，所过之处皆有死伤。他们掠夺了修道院所持有的财宝。在结束了杀戮狂欢之后，他们把幸存者作为奴隶带走。这次袭击是接下来几个世纪的维京袭击的开端，维京时代从此开始了。到了 9 世纪早期，维京人已经摧毁了英格兰北部许多沿海的修道院，苏格兰很可能也有相同的

083
第一次十字军东征期间，十字军攻占安条克城

遭遇；没有人知道确切的被袭击次数，因为大多数被袭击的地点都遭受摧毁，没有留下任何记录。爱尔兰在维京人的手中也遭受了巨大的损失，它在 9 世纪上半叶惨遭蹂躏，许多修道院遭受了和苏格兰、英格兰修道院相同的命运。

084

维京人对英国海岸定居点的侵袭速度非常快，而且通常都是毫无预警的

维京人不仅仅是掠夺者，同时也是贸易者，他们会在欧洲的不同地区定居。9 世纪中期，他们就已经在英格兰的约克和诺森布里亚建立了殖民点，正是从那里开始，他们劫掠了英格兰的其余地区。他们分别在 877 年和 878 年被威塞克斯的阿尔弗雷德大帝击退，但大部分的英格兰仍旧落在了维京人手上。阿尔弗雷德的继承者们继续与他们作战，尽管并不总是很成功。直到将近 200 年之后，经过 1066 年的斯坦福桥战役，维京人才最终被击败并被逐出了英格兰。

在爱尔兰，维京人在后来成为城市的地点上建立了一些据点，这些未来的城市包括都柏林和利默里克，随后洗劫了其他远离这些据点的地区。在苏格兰，一些维京人会定居在设得兰群岛和奥克尼群岛等一些岛上，而另一些人则住在大陆。在900年左右他们定居到了冰岛，并从那里去到了格陵兰岛。他们甚至远达北美洲，尽管并没有在那里定居下来。

维京人并不仅仅满足于劫掠英伦群岛和北方的土地，在文明世界的每个角落都有他们发动袭击的记录。他们在9、10世纪频频袭击法兰西亚（法兰克王国），直到10世纪才建立了第一个定居点，这个地方后来被称为诺曼底。他们偶尔也会袭击伊比利亚半岛。在东边，他们进入了俄罗斯并在一些地方定居，其中包括基辅，他们也沿着波罗的海定居。

关于维京时代终结的原因有很多说法，最有可能的原因是，11世纪末，许多国家都有了中央政府，加上普遍皈依基督教，欧洲变得更加稳定。此外，维京人的潜在目标强化了工事，防御能力变强。随着小冰河期的到来，北方寒冷的水域受到影响，掠食不再是一种诱人的追求。

维京征服得以进行靠的是维京长船，这些船只具有革命性的设计，船体长而狭窄，船身较浅，可以浮在浅滩上并直接登陆。这样的设计意味着它们并不局限于海上航行，还可以在河道里畅通无阻，从而袭击那些自以为处于安全地带的人，这些地方由于水不够深，大多数船只无法进入。由于长船是对称的，它们可以在不转向的情况下轻易地向前或向后航行。几乎整个修长的船身都装配了船桨，船桨和船帆都会用来驱动船只。维京长船有各种长度，有一些能容纳120个战士。

085

早在约8世纪时，维京人到达了俄罗斯的拉加多湖。斯堪的纳维亚的殖民者不仅仅是战士，同时还是商人、农民和工匠，像这样的殖民地总是一片繁忙的景象（见下页）

船上生活是艰难的，特别是在北海恶劣的天气之下。维京

086
标志性的维京长船，一项伟大的技艺壮举

人航海的时候很可能睡在用海豹皮做成的睡袋里，这可以让他们在潮湿的甲板上保持干燥。船帆也会拿下来当成帐篷顶，以提供额外的防护，以免受侵扰。如果他们离海岸不远，也可能会在陆上睡觉。他们会吃鱼干，这些鱼干可以长时间保存而不变质，也会食用面包、水和他们在突袭时抢来的物资。

维京人利用星星或太阳来辅助航行，也会依靠以前航行过相同路线的人的指引。

然而，维京人并不应该只因他们残暴的劫掠而被铭记。他们还是建立巨大贸易网络的伟大商人，也是娴熟的工匠，不仅仅建造船只，还用金属、骨头和木头制造了美丽的饰品和其他物品。

诺曼征服

到了 11 世纪中期，法国的诺曼底公国通过一系列战争实现了扩张，占据了邻邦的领土。

诺曼底公国变得日益强大，而且几乎完全自治。而海峡彼岸的英格兰则一直饱受战争蹂躏——早在埃塞尔雷德统治时期，维京人就曾为夺取这个国家而发动战争。1016 年埃塞尔雷德死去，他的儿子也很快过世，丹麦国王克努特成为整个英格兰的国王，他的统治最终带来了繁荣与和平。克努特在 1035 年死去，他的儿子们都不是好君主，埃塞尔雷德二世的儿子忏悔者爱德华于 1042 年夺取了王位。

诺曼征服的故事正是开始于忏悔者爱德华，爱德华的母亲、埃塞尔雷德的妻子就是诺曼公爵理查德二世的妹妹。爱德华在英格兰统治时期，将诺曼人任命到很多重要的职位上，甚至还可能承诺把王位传给诺曼公爵威廉。然而，威廉并不是英国王位唯一的继承人。爱德华在 1066 年死去，没有留下合法的后代，据说在临终之时，他任命了埃塞克斯伯爵哈罗德·葛温森为他的继承人。哈罗德顺理成章地加冕为王。然而，根据这一事件的诺曼人版本，哈罗德在 1064 年就已经被派往诺曼底并确认了爱德华要将王位传给威廉的承诺。在那里，哈罗德很可能立誓支持威廉继承王位。如果事实如此，哈罗德允许自己加冕为王就意味着背弃了自己的誓言。

哈罗德短暂的统治中充斥着暴力。威廉并不是王冠的唯一争夺者，挪威的哈拉尔·哈德拉达也声称自己拥有王位继承权，并加入了被放逐的哈罗德之弟托斯提戈的军队，开始入侵英格兰北部。哈罗德迅速从伦敦向北行军去拦截他们，在 1066 年 12 月 25 日，战役在约克郡的斯坦福桥爆发。哈罗德在仅仅四天时间里就完成了几乎 200 英里的行军，他的进攻取得了出其不意的效果。这是英国国土上发生过的最血腥的战役之一，维京军队几乎全军覆灭，幸存者们在发誓永远不再入侵后就撤退了。

然而哈罗德的麻烦还没有结束，仅仅在斯坦福桥战役后三天，诺曼公爵威廉就率军在英国南海岸登陆。哈罗德不得不率领他筋疲力尽且带着厌战情绪的军队迅速南下。10 月 14 日，两支军队在黑斯廷斯附近相遇，接下来就是英国历史上的一个决定性的时刻。战役持续了大半天的时间，没人能轻易取胜。最终，在当天下午，哈罗德意外地被一支箭或是其他武器贯穿了眼睛，倒地身亡，到了黄昏他军队中的残存者都已经逃走了，威廉成为了胜利者。

威廉接下来进军伦敦，英国人抵抗了一段时间后投降了。1066 年的圣诞节，威廉在威斯敏斯特大教堂加冕为英格兰国王。随后的一些年里，英格兰国内还有对诺曼统治的零星反抗，这些叛乱都被镇压，诺曼的威权也牢固地建立起来。

攻城容易守城难。威廉不仅仅成功守住了新领土，还牢牢地把握着控制权，即便大多数时候他都不在英国。他接下来的举措之一是剥夺了英国本土几乎全部地主的土地，并将这些土地托付给了他的追随者们。威廉还引入了封建制度，声明这个国家所有的土地都为自己所有，并把它们分封出去以换取对王权的服务，如兵役等等。国家里几乎所有高阶的职位，包括教会的职位在内，都被授予了诺曼人。英格兰四处建起了城堡，以便于征服当地居民，其中最著名的是伦敦塔中的白塔，建于 1078 年。

威廉的伟大成就之一也许是末日土地赋税调查，也就是今天我们所熟知的《末日审判书》。这次人口普查以及土地测量完成于 1086 年，主旨是清查居民的纳税义务，威廉决心不错过哪怕是一便士，因此这一充分而全面的调查甚至包含了人们所拥有的每一头牲畜的细节。

诺曼征服改变了英国人生活的方方面面，从文化风俗乃至政治制度等。语言也发生了变化——英语不再用于官方文件中，取而代之的是盎格鲁 – 诺曼语，这也是统治阶级所使用的语言，英语则只有农民使用。国家的进程也受到了影响，英格兰最终成为欧洲战争和政治中一个重要的角色。

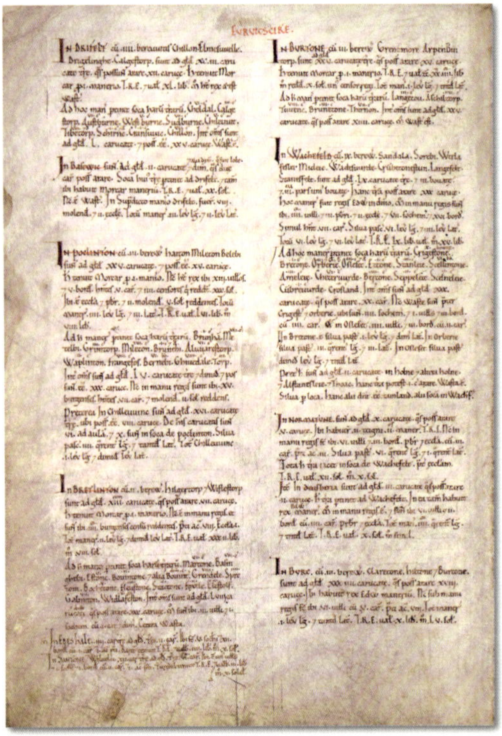

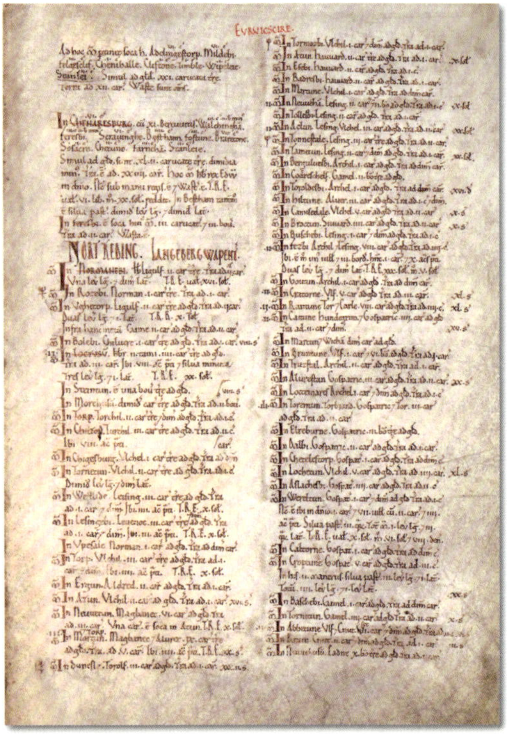

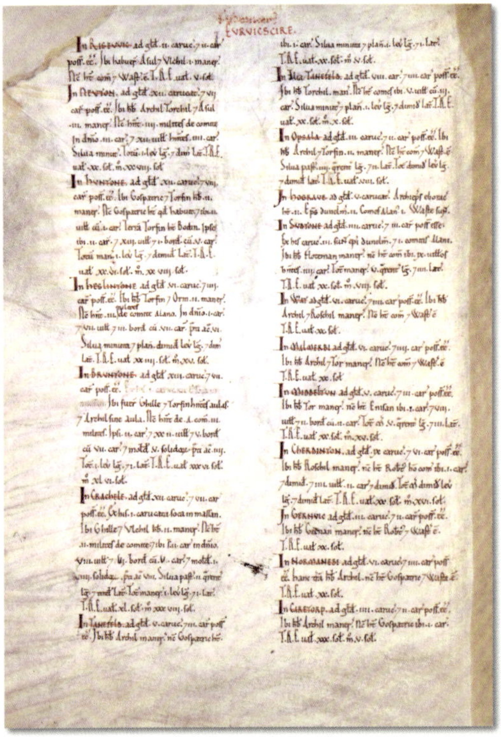

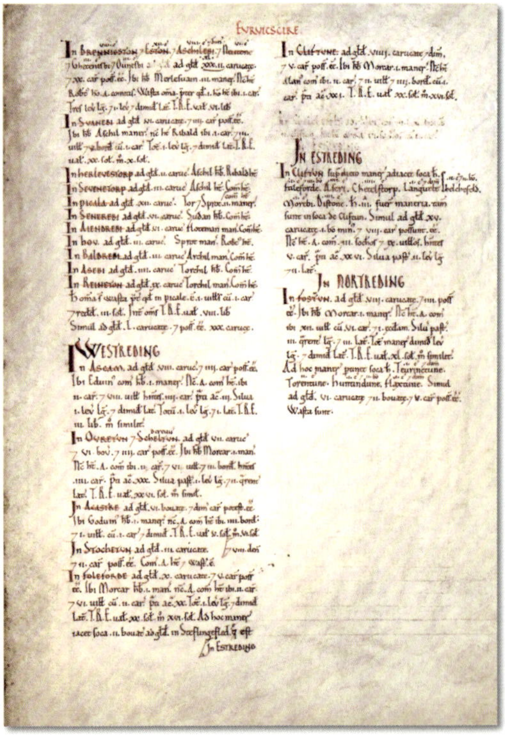

诺曼时期的英格兰

087
《末日审判书》是征服者威廉下令对英格兰和威尔士进行调查的记录，完成于1086年。这里的几页是有关约克郡的应税资源的

到威廉一世统治结束时，英格兰已经彻底诺曼化了。大多数重要的官职都被诺曼人占据，英国的上层阶级全部被剥夺了财产，最后一位残存的英国伯爵也在1076年因叛国罪而被处决了。

威廉引入了封建制度，把土地分封给一些直属封臣们。一座座城堡拔地而起，遍布全国，它们成为了行政中心以及要塞，并以此为中心降服民众、镇压叛乱。教会也处于诺曼主教们的控制之下，威廉不仅控制了这个王国的世俗事务，也控制了宗教事务。

因此在1087年也就是威廉死去的这一年，英格兰几乎完全不像20年前那个威廉刚刚征服的英格兰了。这个新的诺曼英格兰由他的儿子威廉·鲁弗斯继承，也就是英格兰的威廉二世。作为活下来的儿子中的次子，威廉·鲁弗斯继承了英格兰这片被征服的领土，而他的兄长罗贝尔·柯索斯则继承了诺曼底公国。威廉二世的统治并非一帆风顺，有些领主在两个国家都有领地，但他们不愿意侍奉两位君主，他们认为诺曼底和英格兰都应该由一位君主来统治，那就是罗贝尔。因此在1088年他们发动了反对威廉二世的叛乱，叛乱以失败告终，部分原因在于罗贝尔选择留在诺曼底。尽管遇到了这样的挫折，罗贝尔还是希望像威廉一世那样同时统治英格兰和诺曼底。然而，命运反过来使得威廉二世实现了这一愿望——1096年罗贝尔加入了第一次十字军东征，为了出征他以诺曼底作为抵押向威廉借了1万马克。威廉同时统治两个国家一直到1100年，那一年他在新福瑞斯特外出狩猎时

088

玛蒂尔达王后手持一份特许状

被杀。

随同威廉一同前往新福瑞斯特的弟弟亨利迅速掌控了国库，并夺去了英格兰的王位，他就是亨利一世。罗贝尔在威廉死后数周就从十字军东征中返回，并在 1101 年 6 月入侵英格兰，但没能成功。亨利随后开始反击，最终在 1106 年击败了罗贝尔，最后成功地将诺曼底和英格兰都置于他的统治之下。

亨利是个能干而有谋略的君主，在他统治期间的大部分时间里英格兰都处于和平。他娶了一个有盎格鲁 – 撒克逊血统的苏格兰公主，从而联结了诺曼和盎格鲁 – 撒克逊的王室血统。他有两个合法的孩子，一个是玛蒂尔达，嫁给了神圣罗马帝国皇帝亨利五世，成为了玛蒂尔达皇后，另一个是威廉・阿德林。但威廉在横渡英吉利海峡时遇难，亨利失去了合法的男性继承人。他采取了不寻常的举措，迫使他的男爵们立誓效忠他的女儿玛蒂尔达，将玛蒂尔达立为他的继承人。为了加强她的权位，他将已成为寡妇的 25 岁的玛蒂尔达嫁给了宿敌安茹的富尔克 14 岁的儿子，绰号“金雀花”的杰弗里。

亨利在 1135 年死去，尽管为女儿做出了这些努力，但王位的继承并没有那么简单。诺曼男爵们尽管都曾许下誓言，但很多人并不支持玛蒂尔达成为女王，这不仅是因为她的女性身份——在亨利死前，她和杰弗里就已经与亨利闹翻并开始反对亨利。此外，当亨利意外死去时，玛蒂尔达身处安茹，虽然她离开是为了占领诺曼底，但她没能在得到亨利的死讯后迅速抵达英格兰。与此同时，亨利的外甥布卢瓦的斯蒂芬，迅速前往英格兰并夺取王位，宣告成为国王，并在 1135 年 12 月 22 日加冕。他的这一举动导致了将近 20 年的流血事件，内战使得英格兰四分五裂。

斯蒂芬是英勇的骑士，但也是软弱的国王。在他统治的早些年间，他放弃了北部的土地，让给了苏格兰的国王大卫，又给了玛蒂尔达皇后的丈夫，安茹的杰弗里一笔钱，试图保住诺曼底。在威尔士，他在镇压叛乱的时候显得无能。1139 年玛蒂尔达皇后入侵英格兰，试图夺回这个她认为应当归她所有的王国。在接下来的血腥年代，英格兰陷入了混乱之中。许多男爵关心自己的利益胜过于关心国家的利益，他们见风使舵。人们建造未经君主许可的城堡，无政府主义盛行起来。

1141 年，在玛蒂尔达的支持下，斯蒂芬被擒获并废黜。然而，玛蒂尔达极其不受民众欢迎，因此她从未被加冕。玛蒂尔达为了交换同父异母哥哥格洛斯特伯爵罗伯特，释放了斯蒂芬，后者趁机重夺王座。战争在接下来几年一直持续着，没有人能够真正在英格兰占得上风。而诺曼底的情况就不一样了，杰弗里最终夺取了整个诺曼底，并在 1144 年成为了诺曼底公爵。

尽管玛蒂尔达在 1148 年返回了诺曼底，再也没有回到英格兰，但她的儿子亨利将继续作战，他在 1153 年入侵了英格兰，同年斯蒂芬的儿子死去，斯蒂芬同意达成和约：他在余生都会保有王位，但王位将由亨利继承。因此，当 1154 年 10 月斯蒂芬去世时，亨利在没有任何反对的情况下取得了王位，成为了英格兰国王亨利二世。

中世纪的防御工事

中世纪的一个标志性的景象是那些直到今天仍旧胜过许多景观的城堡，这并不是一个新发明。在中世纪时期，城堡建筑

089

该图所示可能是牛津城堡，这个平面图展示了像河流这样的自然地貌是如何被开发利用于中世纪建筑的防御的

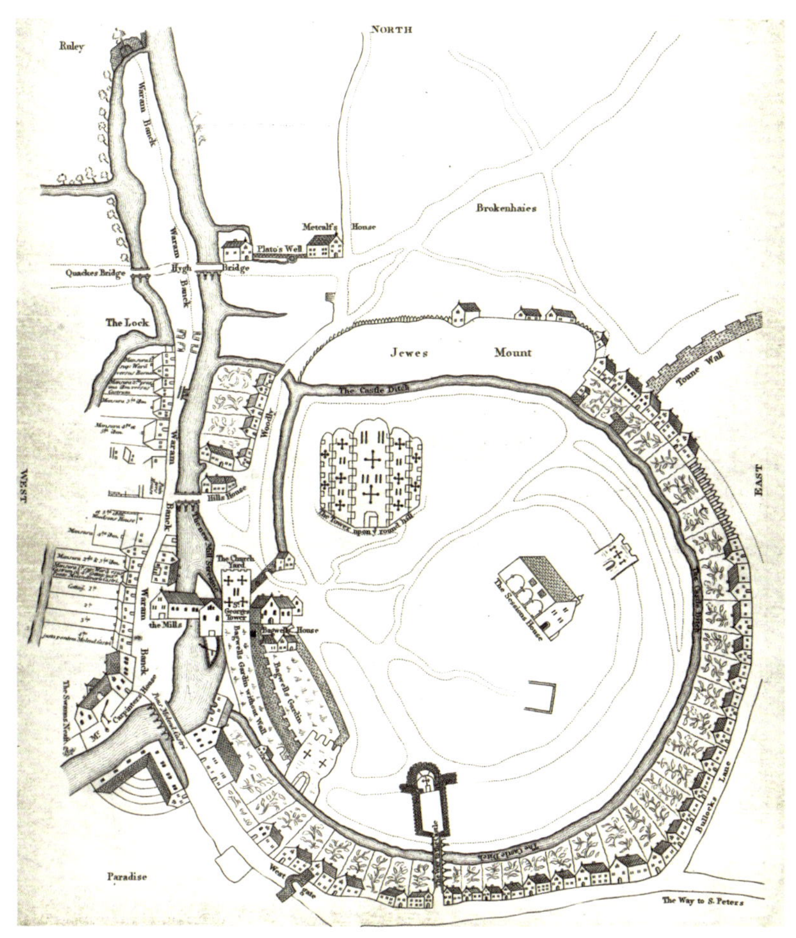

非常普遍，当诺曼人在1066年征服英格兰的时候，他们就开始着手规划城堡建筑以便降服那些被击败的盎格鲁–撒克逊人。

他们的城堡遵循着“城寨式城堡”的设计，由一个巨大的土堆（土墩）构成，土堆上面建造有城堡的主楼及其防御工事，并由一个壕沟围绕起来。土堆的底部建有一个封闭的城堡外庭，相当于庭院。城堡主楼用木头或石头来建造。在有条件的地方，壕沟里会装满水（通常来自附近的河流），成为护城河，护城河上会设置一座吊桥以便通行。

090

这座从未完工的卡纳芬堡是中世纪时期建造的最令人印象深刻的石造城堡之一

城堡主楼是一座加固了的塔楼，如果城堡陷落的话这就是最后一道防线。它通常会是城堡中最坚固的部分，墙体厚度能有好几米。诺曼人的城堡主楼，比如伦敦塔的白塔，趋向于方形，可以容纳住所、贮藏室、茅房、一个小礼拜堂和一个大会堂。城堡主楼会有一切必需品，能够经受围攻，还包括一个提供淡水的水井。随着时间的推移，一些城堡主楼变得越来越华丽，带有精心制作的塔楼以及石雕工艺，石头作为建材也越来越流行，而在一些地方，城寨式的城堡被其他的设计形式所取代。在欧洲，石制城堡建造在低洼地上以利用天然的屏障，一些则被水环绕起来——通常在河流或湖泊中的一个岛上，又或者在河边，将河水改向后就成了护城河，吊桥则是唯一的通行方式。

还有一些建在沼泽地上，进攻这些城堡极为困难。

石制城堡通常还会建在自然的高地上，像是悬崖或是山峰，这样就没有必要建造土堆了，十字军的城堡就趋向于这种建筑方式。其中一个著名的例子是特里波利的骑士堡，它在 12 世纪为医院骑士团所用，建造在超过 2000 英尺（约 609.6 米）的山上，这座城堡的主要功能就是防御。为了达到这个目的，它被一堵内墙和一堵外墙保护着，墙体之间的空隙到处都是塔楼。内庭还有四座难以攻克的塔楼，四周环绕着陡峭的斜坡或人造斜坡，这里面住着医院骑士团。在内墙之内有一个庭院，里面容纳了一些建筑，包括一座小礼拜堂。

十字军城堡不是那些宏伟的石制城堡唯一的榜样，爱德华一世在威尔士所建的城堡群也是工程和设计上的伟大壮举。其中最令人印象深刻的典范也许是卡纳芬城堡。它建造于赛奥特河口，取材于当地的采石场，其多边形塔楼和城垛占据了整个河岸。它并不纯粹用于军事目的，同时还是一座皇家宫殿以及权力中心，其建筑结构也反映了这一点。除了大量的防御工事外，这座城堡还有着豪华的住宿和华丽的石雕。尽管从未完工，但也体现了这一时期的建筑技术和工艺水平。

中世纪的城堡通常不仅仅是一座要塞，还会是一个住宅以及行政中心。早期的城堡生活以大厅为中心，那是一个层高很高的巨大房间，人们在那里用餐，也经常会用作卧室。后来，城堡里就有了更多的私人空间，城堡领主跟夫人会有自己的居住区域，被称为顶屋室。城堡里不仅住着领主一家，还容纳了许多其他人，包括仆人以及军事随从，也会有宾客及其随从。因此，从黎明到黄昏，城堡都是一个繁忙之地。宗教在城堡生活中扮演着重要的角色，许多城堡都有小礼拜堂，在那里每天

都能听到弥撒。城堡生活也有非常凶险的一面，一些城堡里有着秘密的地牢，比如华威城堡。地牢通常是一个深坑，唯一的入口就是高高的天花板处的窗门。

随着火药以及更强大武器的出现，作为防御工事的城堡最终过时了。然而这些宏伟建筑的许多遗迹仍旧能在世界各地看到。从黎凡特的十字军城堡到威尔士的爱德华一世的堡垒，它们隐约可见的存在，提醒着我们那逝去的残忍而暴力的年代。

第一次十字军东征

在 11 世纪，信仰伊斯兰教的突厥部落塞尔柱人威胁着拜占庭帝国的东部边境。这些战士们在整个 11 世纪中期都在侵袭安纳托利亚，这些袭击以 1071 年的曼齐刻尔特战役告终，在此次战役中拜占庭军队遭受灭顶之灾，皇帝罗曼努斯・第欧根尼被俘获。

几乎整个安纳托利亚都向突厥人敞开了大门，突厥人蹂躏了这片土地。在 1084 年，安纳托利亚落于突厥人之手，帝国失去了在叙利亚最后的据点。突厥人对拜占庭权力中心君士坦丁堡也构成了威胁。1095 年，在失去了半个帝国、敌军几乎兵临城下之时，作为东正教徒的拜占庭皇帝阿莱克修斯不得不向拉丁教会教皇乌尔班三世求援，而乌尔班也同意援助。

乌尔班采取行动的原因不仅仅是对突厥人威胁的担忧。尽管耶路撒冷正处于穆斯林的掌控下，但基督教来此朝圣的活动仍在继续。随着塞尔柱突厥人的入侵，原本就危险的朝圣活动变得更加危险，有时候甚至无法进行。乌尔班的决定很有可能

091
发起第一次十字军东征的教皇乌尔班二世

是受此影响，另外他可能也考虑到如果东方帝国被突厥人攻陷，下一个目标无疑就是西方。

092

1099年，耶路撒冷被基督徒攻占后遭受洗劫

到了11世纪末，格列高利改革使得教皇权对世俗社会拥有更大的影响力。因此，在1095年末，当乌尔班在克勒芒宗教大会——一场由他召集，旨在讨论阿莱克修斯求援问题的集会——上向人们发表演说并呼吁他们去帮助在东方的基督教徒时，他得到了前所未有的回应。宗教狂热席卷欧陆，欧洲各地成千上万的十字军来到君士坦丁堡。他们把十字架佩戴于身或缝在衣服上，这是他们使命的象征。

在一名叫隐士彼得的牧师的带领下，一些十字军先于主力军到达了君士坦丁堡。这支“穷人十字军”主要由农民和一些不属于十字军主力部队的骑士们组成，尽管有人建议他们留在君士坦丁堡等待主力部队，但这支各色人等组成的军队还是在1096年8月向圣地出发了。这支十字军最后没有取得成功，10月，军队在安纳托利亚的西维多被突厥人摧毁，大多数的幸存者后来加入了十字军主力部队。

与此同时，其他的十字军也开始向君士坦丁堡进发，主要有四支军队。他们在1097年春天离开君士坦丁堡，于5月抵达塞尔柱人的首都尼西亚，在短暂的围攻后，这座城市在6月19日投降了。十字军们又从尼西亚向安纳托利亚行军，在前往突厥人据点的几个月里，十字军军队遭受了重创，由于塞尔柱人撤离尼西亚时坚壁清野，粮食和水成为稀缺资源，很多十字军死于途中。

10月，十字军到达安条克，情况并没有好转。他们开始了漫长的围攻，粮食和水依旧短缺，疾病也开始盛行。围攻最终在1098年6月3日结束，城里的叛变让十字军得以进城，他

们迅速攻占了主城，但没有夺下卫城。不幸的是，十字军刚刚进入安条克就被一支突厥援军围城了。不过这些突厥军队在6月底被打败，卫城也很快被攻克。获胜之后的十字军又再度面临威胁，这次的敌人是疾病。很多人在传染病中死去，军队领导人之间又爆发了争吵，十字军因此被延误在了安条克。

1099年初，十字军再度出发，这次要去往终极目标——圣城耶路撒冷。十字军东征的第一阶段是对抗入侵拜占庭帝国的塞尔柱突厥人，第二阶段则转向了与埃及法蒂玛王朝的对抗，后者在前一年从塞尔柱人手中夺取了耶路撒冷。

093
圣殿骑士团能够通过他们的外衣和盾牌上与众不同的白底红十字立即辨认出来。十字大约起源于第二次十字军东征时期

大幅减员的十字军在6月7日抵达了耶路撒冷城下，这座城市最终在6月15日的猛烈攻击中被夺下，大屠杀随之而来，而十字军们正是大规模屠杀的罪魁祸首。

耶路撒冷被攻克后，一个耶路撒冷新王国就地建立。这个王国是第一次十字军东征后所建立的十字军国家之一，这些基督教领土还包括安条克、埃德萨和的黎波里。至于那些十字军们，他们回到家园后受到英雄般的款待。尽管如此，他们的长期缺席意味着在某些情况下，他们又将回到政治斗争以及进一步的冲突中。但与许多同胞相比，他们至少活着回家了。

圣殿骑士团

在第一次十字军东征成功以及一些十字军国家建立之后，耶路撒冷成了广受天主教朝圣者们欢迎的朝圣旅途目的地。然而，十字军们并没有牢牢地控制住他们的新领土，朝圣者们一直处在被袭击的威胁之中，有很多人被杀。

大约1119年，法国骑士于格·德·帕扬召集了另外八位骑士，成立了一个军事教团，负责保护朝圣者。耶路撒冷国王鲍德温二世让他们住宿在阿克萨清真寺，这是圣殿山宫殿的一部分，据说也是所罗门圣殿过去屹立的地方。这个教团的全称正是来源于这个圣殿——基督和所罗门圣殿的穷骑士。

圣殿骑士的组织方式跟修道院教团一样，他们立誓贫穷、服从、贞洁，并遵循僧侣们的祈祷仪式。然而他们并非与世隔绝，

也没有义务花费时间献身于学习，他们是战士，而这也是他们主要的职责。

随着时间的流逝，规模日益扩大，组织架构也在发展。在每一处骑士们所在的领土上都会有一位团长，由他管辖领地内所有的骑士，而掌管整个圣殿骑士团的则是大团长，第一任大团长是德·帕扬。圣殿骑士团最终形成了三个等级，第一个等级是骑士本身，他们必须出身于贵族，圣殿骑士团里只有他们才可以穿着与众不同的带有红十字的白色外衣，他们在作战的时候担任骑兵。骑士之下则是士官，他们来自较低的社会阶层，负责战斗，有的成为管理人员，有的负责贸易。最后则是随军神父，是在骑士团中任职的教士。

1119 年骑士团建立时，人们对其几乎一无所知，直到 1127 年德·帕扬游历欧洲为骑士团筹集资金时，才开始获得人们的关注。随后，在 1128 年的特鲁瓦宗教大会——一次为了解决争议并讨论教会在法国事务的宗教大会——上，教会官方认可了这个骑士团，这很可能是因为克莱尔沃的贝尔纳的资助，他是当时最有影响力的教士，也是其中一位创始骑士的外甥。正是他跟德·帕扬一起写下了今天为人所知的拉丁守则。这部法典规定了圣殿骑士团中所有成员都需要遵从的行为。它管理着骑士们日常生活的方方面面，包括得体的着装以及应该如何进餐。

1139 年，教皇英诺森二世发布了一个教皇诏书，下令这个骑士团只由教皇单独管辖，这意味着圣殿骑士团免除了税务，也可以在各个边界间通行无阻。尽管圣殿骑士们没有什么私人财产，但教会的恩惠却带来了巨大的财富。他们成为了一个慈善机构：很多人把钱财和土地捐赠给了骑士团，还有很多人渴望加入骑士团，其规模和权势开始增长，到了 12 世纪中叶，他们拥有的土地遍及欧洲以及圣地。

作为一支军事武装，圣殿骑士团无坚不摧，从最初仅仅保护朝圣者发展到了参加十字军战役，而在战役中他们也频频冲锋在前。在战斗开始时，他们通常会带头冲锋，以突破敌人的防线。怀着殉死沙场的决心，圣殿骑士们永无休止地奔赴战争，当时流传着很多圣殿骑士以寡敌众的故事。

尽管圣殿骑士们是卓越的战士，但骑士团中大多数人并不是战斗人员，他们承担着后方援护支持的角色。圣殿骑士团具备战斗力和值得信赖的声誉，他们同样有着横跨欧洲和圣地的庞大的行政机构，也因此被视为委托贵重物品的完美机构。当十字军们冒险闯入圣地时，他们会将所有的资产交由圣殿骑士团来保管，直到他们最终回来。出于同样的目的，朝圣者们也会在出发前将贵重物品托付给自己国家的圣殿骑士看管，朝圣者会得到一份关于贵重物品详细说明的文档。在朝圣者的旅途中，他们可以沿路拜访圣殿骑士团，出示文档并取走资金，这会从最初存储物的价值中扣除。从此，圣殿骑士团作为早期银行家的角色也建立起来了。

巨大的权势和财富通常也会带来众多敌人，圣殿骑士团也不例外，他们是当时其他的军事教团们的竞争对手，比如医院骑士团；此外他们还持有很多贵族的债务，其中包括法国的腓力四世。考虑到腓力欠下圣殿骑士团的巨额债务，事后看来，这很明显是他决定精心策划消灭他们的原因。当然他也还有其他的考虑——圣殿骑士团似乎渴望建立自己的国家，很可能是在法国境内，而他们的财富和权势无疑是一个巨大的威胁。因此，在 1307 年 10 月 13 日，这个迷信者依旧恐惧的星期五，圣殿骑士团的大团长雅克・德・莫莱，以及他的 60 名骑士在巴黎被捕。他们被指控犯下了一系列罪行，包括异端信仰、腐败、欺诈和偶像崇拜，很多人受尽折磨直至认罪。法国籍教皇克雷芒五世支持腓力，下令逮捕其他国家的圣殿骑士，并没收他们的财产。1312 年，在压力之下，克雷芒五世召开了旨在处理圣殿骑士团及其他教会事务的维埃纳公会议，正式解散了圣殿骑士团，他

094

蒙吉萨战役是萨拉丁面对十字军时最为沉重的惨败之一。跟麻风国王鲍德温四世并肩作战的圣殿骑士团们，在此战中立下了汗马功劳

（见下页）

们的很多财产都交给了医院骑士团，许多残存的圣殿骑士也加入了医院骑士团。1314 年 3 月 18 日，雅克・德・莫莱，圣殿骑士团最后一任大团长被烧死在木桩上。当他被火焰吞噬时，他诅咒那些判处他死刑的人也活不长久——果然到了年底，克雷芒和腓力相继死去。

十字军东征圣地

由于它们的位置和它们形成的方式，十字军国家经常遇到麻烦。1144 年，突厥人夺取了北部的埃德萨，安条克陷入了危险的境地，当这一失利的消息传到欧洲时，教皇尤金三世召集了另一次十字军东征。

他在这次十字军东征中得到了当时最有影响力的教士克莱尔沃的贝尔纳的支持。这位能言善辩的教士在法国和德国招募十字军，甚至成功说服了不情愿的德国皇帝康拉德三世加入。1147 年，两支军队分别向圣地出发，第一支由康拉德率领，在 5 月出发，第二支由法国国王路易七世率领，在 6 月出发。路易还带上了他的妻子阿基坦的埃莉诺。

第二次十字军东征并没有得到第一次东征时所取得的任何荣誉，还遭受了更多的创伤。德国军队在 9 月抵达君士坦丁堡，但在拜占庭皇帝曼努埃尔一世的劝说下迅速离开了。曼努埃尔担心十字军们会在他的城市引起麻烦，对这支军队要在君士坦丁堡停留数周以等待法国军队的要求并不热心。康拉德没有听从曼努埃尔的建议，决定跟随第一次十字军的足迹穿越安纳托利亚高原，而非沿着海岸线行军。

德国人到达了尼西亚，康拉德在此决定将军队一分为二，派遣其中一支按照曼努埃尔的建议，沿海岸线前进，而他则带着剩余的军队沿着原定路线进军。10 月 25 日，康拉德的军队在多利留姆几乎被突厥人彻底歼灭，康拉德跟少数幸存者逃到了尼西亚，另一支部队情况也没有好多少，他们同样被突厥人摧毁了。

路易七世于 10 月到达了君士坦丁堡，他决定采用海岸线的行军路线。旅途条件艰辛，特别是在冬天穿越山区，他们没有足够的食物，而突厥人的多次袭击导致了这支军队在到达十字军国家之前就已经失去了许多有生力量。军队在 1148 年 3 月抵达安条克，尽管此行的目的是为了夺回埃德萨，但路易并没有这样做，他决定直接前往耶路撒冷。

在耶路撒冷，康拉德及其残部，还有耶路撒冷国王鲍德温三世加入了路易的队伍。在一番争执之后，他们决定把目标定为大马士革，这个耶路撒冷过去的盟友。然而这次攻击的计划跟执行都很糟糕，在四天的围攻后，一支突厥军队开始逼近，十字军们决定撤退。第二次十字军东征的结局很不光彩。

1149 年，紧随着第二次十字军东征耻辱的失败，努尔丁的突厥军队袭击并夺取了安条克的大量土地，随后在 1154 年，他们夺取了大马士革。这对耶路撒冷来说是一个巨大的打击，因为这意味着它几乎彻底被一众穆斯林军队包围了。

所有人的目光都转向了埃及以及虚弱的法蒂玛哈里发。尽管十字军们在 1153 年就已经夺取了法蒂玛的城市阿斯卡隆，但这也是他们最后一次大胜了。努尔丁早就想统一穆斯林以对抗十字军，而非延续步调不一的反击，重蹈第一次十字军东征中穆斯林失败的覆辙。为了达到这个目的，他很早之前就把眼

095
萨拉丁的肖像画，可追溯到 12 世纪 80 年代

光放到了埃及。在 1164 年和 1167 年，他两次派出将军希尔库前往埃及。希尔库两次都带着他的侄子萨拉丁，但两次出征希尔库的军队最终都撤退了。1168 年他又卷土重来，并在 1169 年攻取了埃及。同年希尔库死去，萨拉丁控制了埃及。

1174 年，努尔丁死去，萨拉丁声称自己有权成为努尔丁年轻继承人的摄政，然而，他很快就放弃了这一主张，并花费了十年时间作战，攻取了努尔丁的一些亲戚占据的领土。到了1186年，萨拉丁成功将叙利亚和埃及统一在他的领导之下，这意味着十字军们第一次需要跟在一位强大领导人控制下的统一军队作战。

萨拉丁的成功让耶路撒冷以及其他十字军领土比以往更为孤立无援。耶路撒冷经常因内部冲突而四分五裂。1163年，伟大的鲍德温三世死后，由于继承问题，政治阴谋在接下来的数十年盛行。先是一个没有子女的麻风病国王继位，接下来是一个婴儿国王，然后一个皇后继承了王位。由于没有男性直系继承人，每一次继承都在王国内引发了麻烦。1187年，耶路撒冷与萨拉丁的和约破裂，同年7月，萨拉丁进军耶路撒冷王国的太巴列。7月4日，一支庞大的十字军军队建立起来，双方在哈丁角相遇，接下来的战斗以基督徒惨败告终。

这次惨败使得王国彻底不堪一击，到了9月末，萨拉丁已经夺取了除推罗以外的大部分海岸地区，以及王国内许多大型十字军要塞，包括阿卡城。耶路撒冷在10月投降，到了1189年，十字军国家已经削减到只剩下一些关键的要塞，包括安条克和的黎波里城。

当耶路撒冷陷落的消息传到欧洲之时，教皇格列高利八世发布了教皇诏书，呼吁援救东方的基督徒。来自欧洲各地、各行各业的十字军们响应了这一武装召唤。英格兰的理查一世、法国的腓力二世——两人当时正在战争之中——德国的弗里德里希一世·巴巴罗萨都参加了十字军。理查和腓力在1190年7月出发前往圣地，而弗里德里希则在几个月前就已经动身了。途中，理查征服了塞浦路斯岛，建立了另一个十字军国家——塞浦路斯王国。

大多数的基督徒军队都在哈丁角被歼灭，但耶路撒冷的盖伊国王被俘后幸免于难，被囚禁在大马士革一年后，最终于 1088 年被释放

弗里德里希一世从未到达过圣地——他死在了旅途中。他的军队在沿途与拜占庭人、突厥人发生冲突，这也是一支大幅损耗的军队。1190 年 10 月，他们在弗里德里希的儿子施瓦本公爵弗里德里希的率领下到达了阿卡城。1191 年，理查和腓力也抵达了圣地，此时在东部的基督教徒已经开始向萨拉丁发动反击，围困了阿卡城的港口。然而，基督徒军队因为疾病盛行和粮食短缺损失惨重，此时耶路撒冷女王西比尔也过世了。

路易在 4 月到达阿卡城，而理查在 6 月到达，这座城市在 7 月 12 日被降服，腓力随即返回法国，很可能是因为生病。于是理查掌管了整支军队，他南下前往耶路撒冷，在途中与萨拉丁进行了仅有的一场激战。这场发生在阿尔苏夫的战役由理查取得了决定性的胜利，他在战役中展示了自己的军事天才，证明了自己真正配得上“狮心王”的称号。接着，理查又夺取了雅法以及对海岸的控制。然而，夺取耶路撒冷这一终极目标并不是理查自己的目标，他深知即便拿下了耶路撒冷，这座城市也是守不住的，因此他从来没有去围攻耶路撒冷，尽管他的军队曾两度到达了耶路撒冷目能所及之处。很多十字军对不攻取耶路撒冷感到失望，返回家园，此外，理查获悉他在欧洲的土地受到了腓力二世的威胁。萨拉丁也要应付自己遇到的麻烦，包括饥肠辘辘、无心作战的军队。因此在 9 月 2 日，理查和萨拉丁达成了和约，基督徒们保留从雅法到推罗的海岸地区，但阿斯卡隆要在基督徒们费力移除掉他们的防御工事后归还给萨拉丁，基督教的朝圣者们还被允许自由进入耶路撒冷。

尽管十字军们没能攻占耶路撒冷，但第三次十字军东征还是可以被视为一次成功的东征。理查成功夺回了一些十字军土地并使这些地区稳定下来，双方的和约一直持续到了第四次十字军东征的开始。

在 13 世纪初，第四次十字军东征开始向耶路撒冷进发，但这场十字军东征从未接近它神圣的目标。在十字军东征之前，与威尼斯人议定了运输以及补给事宜。然而在成军之后却发现军队规模比预期的要小得多，因此当威尼斯人按照约定供应了太多的补给品时，十字军们无力偿付。双方达成协议，十字军们要攻克扎拉城——扎拉城此前叛变并对抗威尼斯——作为回报，威尼斯人会推迟收款，直到十字军们可以用他们到达穆斯林领土后所获取的战利品支付。扎拉城是一座基督徒城市，教皇并不同意这一计划，然而他遭到了无视，这场侵略于 1202 年 11 月顺利进行。

十字军们没有从扎拉城直接前往圣地，相反，他们陷入了

097
狮心王理查，1189—1199年在位，他对阵萨拉丁时打下了许多胜仗

拜占庭帝国的内部政治事务中。为了东征所急需的一大笔钱，他们同意推翻现任皇帝，另立新皇。因此，在6月12日到达君士坦丁堡后，十字军们帮助阿莱克修斯四世和他的父亲废黜了阿莱克修斯三世，然而他们的统治并没有持续多久，1204年1月的一场政变又推翻了这位新皇帝。这样一来，十字军们便得不到全额报酬，也看不到偿还欠款的希望，于是他们向君士坦丁堡宣战，并在1204年4月攻陷了这座城市。接下来的洗劫行为因其极度卑劣而永载史册，十字军们在城内奸淫掳掠长达三天，将所能带走的一切物品都当成战利品带走，包括那些他们所亵渎的教堂中的圣物。他们摧毁了看到的一切东西，几个世纪以来的精美艺术品、建筑物和知识，都毁于一旦。

这场洗劫一结束，战利品就被十字军们与威尼斯人所瓜分，拜占庭帝国的大部分也被胜利者们分割。尽管教皇英诺森三世反对十字军攻打君士坦丁堡，但事情已成定局。他希望东西方的教会能够团结起来，然而由于这些怨恨以及东方帝国的人们对入侵者的背叛行为的愤怒，这样的团结不可能存在。君士坦丁堡的洗劫就像是棺材上的最后一颗钉子，彻底葬送了东西方教会之间以任何形式和解的可能性。

后来还有一些针对穆斯林发动的十字军东征，然而，第三次十字军东征是最后一次有着持续效果的军事行动。整个13世纪，一连串的王位空悬、君主无能以及内部冲突导致十字军国家越发虚弱。最终，城市和城堡一个接着一个陷落，到了1291年，十字军在陆地上最后的要塞，黎凡特的阿卡城落入了埃及的马穆鲁克手中。两个世纪的冲突和杀戮之后，圣地的十字军国家不复存在。

后期的十字军东征

圣地的十字军东征并不是基督徒们在中世纪所发动的唯一的圣战。在欧洲本土，基督徒跟穆斯林之间就有一场长久的冲突，贯穿中世纪大部分时间。摩尔人在 8 世纪的时候夺取了伊比利亚半岛的大部分，不久之后，基督徒就为了夺回被占领的土地而战，收复失地运动由此开始。

然而，11 世纪之前的收复失地运动都缺乏动力。即便有过一些冲突，而基督徒们也夺回了一些北部的领土，但大多数时候穆斯林、基督徒和犹太人在相对的和平中共同生活。

11世纪上半叶，随着穆斯林团结的分裂和一些独立伊斯兰国家的形成，情况发生了改变。与此同时，十字军精神吸引着北方的基督徒，他们对摩尔人展开了凌厉的攻势。由于伊斯兰国家忙于处理内部的麻烦，他们的抵抗也很无力。1085年，基督徒军队夺取了战略重镇托雷多，阿尔摩哈德人闻讯从北非来到伊比利亚。这些原教旨穆斯林将穆斯林再度联合起来，由于他们难以忍受其他宗教，改变了原有的防御姿态，开始转向进攻。

1212 年，在西班牙南部的莫雷纳山脉，阿尔摩哈德人和基督徒武装之间的战争在拉斯纳瓦斯战役中达到了高潮，一支庞大的基督徒武装，包括半岛上的基督教国家的国王们和来自军事教团的骑士们，还有成千上万的十字军们击败了阿尔摩哈德人。接下来的数十年，阿尔摩哈德人的主要据点陆续被基督教国王们征服：巴伦西亚和马略卡落入了阿拉贡王国的海梅一世手中；科尔多瓦，阿利坎特和塞维利亚被卡斯提尔王国的斐迪

098
1204 年，君士坦丁堡落入第四次十字军东征的军队之手，正如在这幅 1460 年的手稿中可以看到，他们犯下了可怕的强奸、抢劫和破坏罪行。他们所能得到的一切有价值的东西都被拿走了，许多美丽的艺术品被毁

南三世夺取，巴达霍斯则被莱昂王国的阿方索九世征服。剩余的穆斯林不得不退缩到格拉纳达周边地区，格拉纳达酋长国成为他们在这个半岛上仅存的立足点。

到了 13 世纪中叶，穆斯林对半岛的大多数区域都失去了控制，只在西班牙南部的格拉纳达城周围占有一小块飞地。与此同时，葡萄牙的收复失地运动也在 1249 年以成功告终。12 世纪时，葡萄牙的基督徒们曾得到过圣地十字军的援助，后者在第二次及第三次十字军东征时，在海上旅途中停下来，参与了

当地基督徒对摩尔人的战争。

格拉纳达直到15世纪才被成功攻克。1469年，卡斯提尔王国的伊莎贝拉一世嫁给了阿拉贡王国的斐迪南二世，他们的结合将西班牙王国联合在了一起，使其足够强大到夺取穆斯林最后的据点。1492年格拉纳达向基督徒们投降，摩尔人在西班牙800多年的统治最终结束了。伊莎贝拉和斐迪南随后命令所有犹太人皈依基督教，那些不愿意改变信仰的犹太人则被驱逐出西班牙。10年后同样的规则也用到了穆斯林身上，西班牙彻底成为了一个基督教国家。

格拉纳达附近的一场战役，西班牙在斐迪南和伊莎贝拉的领导下推翻了摩尔人

十字军东征文德人

文德人是此前就定居在德国易北河及奥得河之间的斯拉夫部落,在中世纪早期,他们曾与毗邻的法兰克人及萨克森人为敌。在查理曼统治下的法兰克人希望让他们皈依基督教，而萨克森人则想要扩张版图，然而，文德人一直处于优势地位，到了10世纪末他们仍旧是异教徒，多次击退了萨克森人的入侵。

12世纪中叶，他们的处境变得危险起来，基督教邻居们正在积聚力量。1143年，邻国夺取了他们的部分领土。随后在1147年，克莱尔沃的贝尔纳为第二次十字军东征在德国招募军队，但萨克森人更乐意与异教的文德人作战而非前往圣地。教皇尤金三世宣告这样的战斗也会被视为十字军行为，于是十字军东征文德人的战争开始了。对抗文德人的军队主要由萨克森人及丹麦人组成,他们在那一年发动袭击,杀死了许多文德人。一些文德人确实皈依了基督教，尽管他们在敌人离开之后就立即恢复了自己的异教行径。总之，作为一场迫使异教徒皈依的十字军运动，它并不成功，然而，它也确实为将来文德人的皈依以及基督教国家在此的殖民活动铺平了道路。

对文德人的十字军运动同样为其他对抗异教徒的运动，特别是在巴尔干地区的十字军运动打好了基础，1171年，教皇亚历山大三世声明，参与对抗北方异教徒的十字军运动，会提供与圣地十字军同样的赎罪券。在接下来的数十年里，一系列针对北方不同民族的十字军运动接连发生，而条顿骑士团，这支德国的军事教团在征服波罗的海异教地区的运动中扮演了主要的角色。利窝尼亚的十字军运动持续了将近一百年，到了1290

年，这些生活在波罗的海东岸的异教部族才被征服。而在 13 世纪的普鲁士，条顿骑士团也协助征服了普鲁士人，他们在世纪末取得了胜利，当地的部族被迫皈依了基督教。

100
法国贝济耶的市民被十字军屠杀，这是教皇英诺森二世针对清洁派异端所下达的命令

阿尔比十字军运动

阿尔比十字军运动，又被称为清洁派十字军运动，创立于 1209 年。这次十字军运动的目标是清洁派，一个基督教的分支，他们主要在法国南部的朗格多克地区活动。在此前的数十年间，人们已经做出了一些尝试，试图让异端的“清洁派”们看到他们的错误。传教士们，诸如创立了多明我会以对抗清洁派异端的圣多明我，被派往那个地区，但却徒劳无功。根除这些异端的一个主要障碍是当地的贵族们，他们本应镇压异端，却对这些清洁派非常容忍，图卢兹的雷蒙德六世就是这些贵族中的一员。

1208 年，雷蒙德因其支持清洁派而被逐出教会，不久之后，一位教廷使节在与雷蒙德发生了一次极不愉快的会面之后被谋杀。正是这件命案让教皇英诺森三世最终发起了针对清洁派的十字军运动，经过了多年的对牛弹琴，他已经判定武力才是解决这些异教徒们的唯一方法。

1209 年，十字军开始清除这片土地的异教徒，他的其中一名十字军战士不是别人，正是雷蒙德六世——他已经跟教会言归于好，这更可能是出于自身利益而非宗教信仰。第一个被攻克的城镇是贝济耶，这里既住着天主教徒，又住着清洁派教徒，但十字军们还是几乎将全部人口屠杀了。据称，对这次屠

杀负有责任的教廷使节曾经在回答怎样区分异教徒跟基督教徒时声明“杀光他们，这是上帝的旨意”。

当大屠杀的消息传出后，很多城镇和村庄都向十字军投降，以免遭受同样的命运。尽管其中一些，像卡尔卡松这样的地方，坚守了短暂的时间，但最终也被攻克了。大约在这段时间，西蒙·德·蒙福尔成为了这支十字军的领袖。在他的领导之下，十字军们攻城拔寨，所过之处不是将异教徒们转化为天主教徒，就是将他们杀死。1211 年，雷蒙德六世再度被逐出教会，并逃到了英格兰。1215 年，他的土地，包括图卢兹在内都被授予了西蒙·德·蒙福尔。大多数清洁派的土地都落入了十字军手中，那一年本应赐予对抗清洁派的十字军们的赎罪券被撤销了，因为教皇想要再一次发动十字军运动。

雷蒙德从英格兰卷土重来，一场叛乱开始了，1217 年他夺回了图卢兹，随后德·蒙福尔前来围攻，但在围攻过程中战死。大多数此前被十字军夺取的土地都被雷蒙德夺回。1225 年，教廷又一次发动了针对清洁派的十字军运动。这一次由法国的路易八世所领导，他取得了成功，但却在 1226 年，在这场十字军运动尚未完成之时死去。他的妻子卡斯提尔的布朗什作为摄政皇后与雷蒙德六世之子雷蒙德七世达成了和约，最终结束了这场冲突。该和约几乎完全是对法国国王有利的，根据其条款，国王将最终拥有雷蒙德所有的祖传土地。

尽管这二十年的血腥战争并没能成功地彻底镇压朗格多克的清洁派，但宗教法庭却得以在此地建立，它将系统地根除掉剩余的异教徒。到了 14 世纪末，这一地区的清洁派已经被完全消灭了。

在中世纪时期还发生过一些规模较小的十字军运动。其中

101
率领阿尔比十字军镇压清洁派的西蒙·德·蒙福尔

的一些，比如尼科堡的十字军东征，目的是阻止奥斯曼帝国扩张的浪潮。此外，如反胡斯十字军则针对其他被罗马天主教会宣判为异端的基督教运动。不过到了16世纪末，随着新教的出现，十字军的吸引力大大削减，十字军运动也完全停止了。

中世纪的宗教法庭

1184年，为了应对与日俱增的异端运动，教皇卢修斯三世成立了由主教管辖的宗教法庭，他要求地方的主教们在自己的教区内成立宗教法庭，然而，这些宗教法庭并不受中央控制，缺乏一致性。1227年，由于阿尔比十字军运动的成功，教皇格列高利九世发起了一个由教皇管辖的宗教法庭来处理这些异端事项，审判官们主要是那些来自新兴的多明我会及方济各会的修道士。

13世纪40年代末，宗教法庭的运作指导方针颁布，1252年，教皇英诺森四世发布了《关于根除异端》的教皇诏书，正式批准了在宗教法庭的过程中使用刑讯的方式。不过刑讯的范围还是有限制的，而且异教徒在刑讯中死去是不被接受的。处罚则取决于一些因素，包括认罪、放弃主张，或指认其他异教徒，处罚范围可以从罚金或监禁到公开放弃主张和流放。最严重的罪犯会被交给世俗权力机构，然后被烧死在木桩上。

军事策略和武器

在中世纪，许多战争的敌对战士之间往往差异巨大，军事策略和武器也因为战场的地形，参与士兵的文化、财富和技巧的不同而有着很大的差异。对一些人，比如蒙古人来说，机动性是关键；对其他一些人来说，使用密集阵形的步兵则是战场上首选的策略。

102
一个手持中世纪火器开火的士兵，摘自《战争堡垒》这部描述军事工程学的书，由德国军事工程家康拉德·凯斯尔撰写

轻骑兵，包括东方的弓骑兵在内，已经在战争中使用了数个世纪。中世纪时期重装骑兵得到发展，穿戴铠甲的骑士们会在战场上使用突击战术冲向敌军的防线，击溃他们的步兵。这些无坚不摧的军团会用他们的长矛逼退对手，把击中的人打到他们的同伴身上。在长矛攻击波结束后，这些战马上的骑士们就会使用任意一种武器，比如钉头锤或刀剑来继续战斗。然而，这些战略只能在一些恰当的环境中使用，因此骑士们会经常发现他们需要在一场战斗中徒步作战，因为很多地形并不利于骑兵突击。战马会被留在战线之后，等战斗结束后再用来追击敌军。

在中世纪晚期，步兵战略进一步发展，用以应对重装骑兵的突击。矛在很多军队中得到应用，比如瑞士军队和苏格兰军队，因为对像一堵墙一样的长矛阵发起骑兵突击通常会导致骑手身负重伤。在百年战争期间，英国人使用长弓手们对突击的骑士们万箭齐发，长弓最著名的应用也许是 1415 年的阿金库尔战役了，法国人在此被英国人击溃，这很大程度上归功于这些长弓手的本领。

阵地战并非中世纪发生的战争的唯一形式，这一时期有大量的城堡和防御工事建成，由于夺取敌人的权力据点对大多数战役来说都是至关重要的，攻城战在这一时期盛行，一系列的武器和策略都被用来破坏敌军的城墙。攻城者们使用的武器包括破城锤、投石机（一个可以射出巨石等许多物体的投射器，用来向敌军投掷）、弩炮（一种大型的十字弩）、抛石机（一个配重悬吊式的投射器，可以将发射物高速抛出），还有攻城塔楼，一种带有车轮的塔，车上的梯子可以保护攀爬城墙的士兵。

在攻城战中，攻城军队所使用的战术往往与攻城武器一样有助于赢得胜利。挖空墙体是中世纪攻城战中常见的手段，人们会在城堡外墙的局部挖开一个坑道，并使用木质的支撑物来支撑坑道，一旦这个坑道完成，就将其点燃，烧毁这些木质支撑物使坑道崩塌，上面的城墙也会跟着倒塌，破坏城堡结构的完整性。另一个人们喜欢使用的策略是策反，一个城堡内或是城墙内的叛徒会大大缩减攻城时间，他们可以为攻城部队打开城门或是传递战术信息。中世纪晚期，随着火药和加农炮的出现，攻城战也迎来新的转折，曾经面对任何攻击都牢不可破的城墙，再也顶不住新武器的猛击，因此，防御工事的设计需要针对新的敌人进行改造。

在任何战争中，后勤都是军事要素之一，如果供应链断裂，这场战役也就输了。入侵的军队有时可以在沿途征用补给，然而，这一策略有时候会带来巨大的反效果——正如在第一次十字军东征中所发生的那样。突厥人采取了坚壁清野的策略，在撤退的时候摧毁了所有东西，这让十字军军队陷入了饥饿边缘。在哈丁之

03
一座中世纪的城堡，摘自《战争堡垒》

战前，萨拉丁切断了基督教军队的水源供给，迫使他们在口干舌燥的情况下，在烈日暴晒中面对穆斯林军队。毫不意外，这一有效的策略使得十字军们遭受了巨大的挫败。

拜占庭帝国最有效的武器之一是希腊火，发明于7世纪，这是一种易燃的液体，一旦点燃就不能用水来灭火。它通常会在海战中使用，由拜占庭战舰装载的管道中射出，希腊火在许

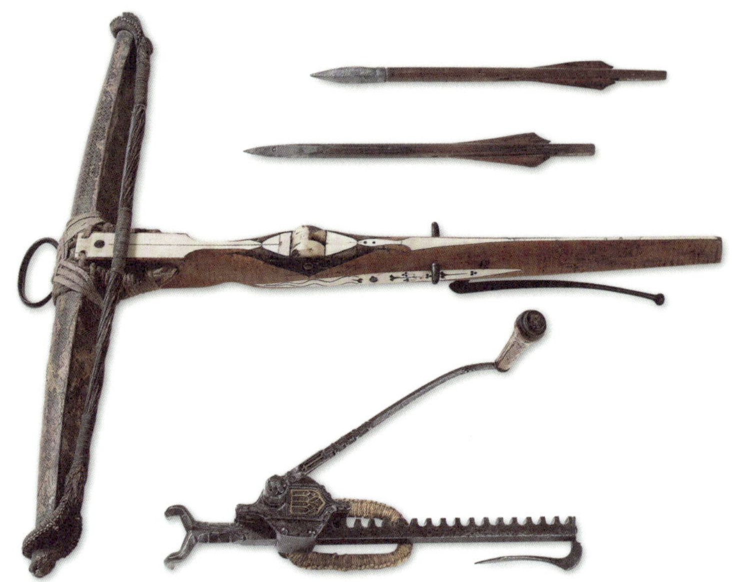

104
15世纪的十字弩、千斤顶和十字弩的飞镖。弩是中世纪最受欢迎的武器之一，很可能是因为它不需要太多的力量就能使用，而且它发射的箭能够穿透盔甲。由于其致命的杀伤力，它被教会禁止用于对付基督徒

多拜占庭的军事胜利中都是一个至关重要的因素，拜占庭军队靠它在战役中占尽上风。这一混合物的确切成分和运输过程非常机密，从未被帝国的敌人们发现，敌人们也曾尝试去复制希腊火，但都失败了。直到今天，还没有人能够确定希腊火的准确成分。

蒙古人

在中世纪盛期，并非只有欧洲人和穆斯林有着征服和扩张的梦想，在东边，一股可怕的新势力正在积聚能量，一旦释放，这股能量将会如野火般蔓延，在其身后留下绝望与毁灭。

在中亚，突厥跟蒙古的游牧部族已经统治了数个世纪，到

105
成吉思汗在战斗中，该图源自拉希德丁的一本书

了 12 世纪末，一位名叫铁木真的蒙古勇士开始联合许多不同的部族，将他们统一在自己的领导之下。1206 年他成为公认的可汗（统治者），自称成吉思汗（至高无上的统治者），随后开始了军事征服，在他统治的 20 年间，蒙古帝国的版图向西扩张到了俄罗斯，向东则到了中国。到 1227 年他死去的时候，蒙古人已经在亚洲控制了一片极为辽阔的土地，从里海延伸到中国海。

蒙古人取得的军事胜利令人震惊，其原因是简单的，他们派出由弓骑手组成的轻骑兵部队，利用机动性和速度去削弱敌军，轻骑兵后面跟着重装骑兵，这些驾驭战马全副武装的枪骑兵们会迅速杀死那些躲过了弓手袭击的存活者。蒙古人训练有

契丹以及大可汗的帝国，该图源自卡玛尔迪斯的弗拉·毛罗于1459年绘制的地图

SACE.
P.
Deserto lop
Inquesti m
se troua pi
tangui.
STRADA
hedificio no
bile de idoli
STRADA
DESERTO
Deserto lop.
pro. balor.
zianglu
CHATAIO
chaicianfu
Archanara
Ponte
mirab
le.
Reg chesmi
maletan
REGNO
Silan citade re
gal.
p. Egiul
sidari
costa

素且军纪严整——这跟他们经常面对的主要由农民组成的军队形成了鲜明对比，此外，他们在战斗时还带着可怕的冷酷无情。在那些经历抵抗之后被蒙古人攻陷的城镇和城市中，街道被受难者的鲜血染红了。这种残暴的名声使蒙古人处于有利地位，因为一些城镇会直接投降以期望独善其身。

尽管蒙古人经常在他们身后留下大范围的破坏，但他们也同样是帝国的建设者。他们修建道路，建立了巨大的贸易网络，他们控制了丝绸之路这条过去曾经连接了中国和罗马帝国的古代商路，使其免受土匪侵扰。他们在各条商路建立了驿站系统，贸易者们能在此安全过夜和进食，信使们可以在这里更换马匹，或者将邮件传给下一位信使。蒙古人用宽松的态度对待不同宗教，因此被吸收进蒙古帝国的人们通常能够继续信仰自己的宗教而不怕受到迫害，但那些不服从统治的人将会被实施严苛的法律和惩罚。

成吉思汗死后，帝国被他的四个儿子所分割，窝阔台成为大可汗。蒙古人在窝阔台治下继续扩张他们的帝国，入侵了东欧的波兰和匈牙利。1241 年，窝阔台死去，蒙古军队没有继续入侵欧洲，而是返回了东边。1251 年，经过多年的权力争斗，成吉思汗的其中一位孙子，蒙哥汗成为大可汗。蒙哥之后，他的弟弟忽必烈汗于 1260 年继位。忽必烈完成了对中国的入侵，并在那里建立了元朝，元朝一直延续到 1368 年，后被明朝取代。

蒙古人不仅征服了亚洲的巨大区域，还入侵并毁灭了阿拉伯帝国。1258 年蒙古人洗劫了巴格达，杀死了阿拔斯王朝最后一位哈里发。洗劫巴格达是历史上最残暴的恶行之一，蒙古人抢夺并破坏了他们所能看到的一切事物。智慧宫这个重要的学术中心，与它的藏品一同遭受毁灭，伟大的建筑物被夷为平地，尽管人们的估算各有不同，但普遍认为至少有 20 万人惨遭杀害，一些研究甚至声称，在这场屠杀中有多达 100 万人丧生。巴格达变成了一个废墟，需要几个世纪的时间才能恢复到哪怕只是表面上的昔日辉煌。

最终，蒙古人被埃及的马穆鲁克阻挡在了中东，然而那时的蒙古人已经将包括今天的伊朗、伊拉克、叙利亚以及土耳其的一部分纳入了帝国的版图之中。但蒙古帝国并没有延续太久，可汗们之间的争执不和，进一步加大了统治如此辽阔的帝国的难度，这使他们付出了代价，到了 14 世纪末，蒙古的统一就不复存在了。这个由蒙古人建立的庞大帝国分裂成了一些较小的国家，最终被其他国家所征服。

发生在威尔士和英格兰的战争

让我们回到欧洲。1272 年，约翰一世之子亨利三世死去，他的儿子爱德华一世成为了英格兰的国王。亨利统治期间大多数时间都花在了处理国内事务上，特别是王国内男爵们的不满情绪。在爱德华继任时，男爵们的问题大多数都已得到解决，但在统治初期他还是着重于处理国内事务，特别是法律改革。然而，他很快就被他的近邻——威尔士人和苏格兰人——卷入了纠纷。

格温内思郡亲王卢埃林·阿普·格鲁夫德在亨利三世统治时就已经扩张了自己的领地。忙于处理男爵事务的亨利也在 1267 年同意了蒙哥马利条约，以换取卢埃林的效忠，条约允许其保有夺取而来的土地，并正式承认他为威尔士亲王。当爱德

107
英格兰的爱德华一世

华登基时，他想要抑制卢埃林的权力，并以卢埃林拒绝向其宣誓忠诚为由，爱德华于 1277 年入侵威尔士。战争只持续了短暂的时间，卢埃林意识到自己无法取胜，便向爱德华投降，爱德华剥夺了他除格温内思郡外全部的土地，但允许卢埃林继续保有威尔士亲王的头衔。

1282 年，威尔士人不满爱德华的统治，发动了叛乱，卢埃林及其弟弟戴菲德站在了叛乱的最前线。这场叛乱很快被镇压，卢埃林在 1282 年 12 月战死，戴菲德被捕获，于 1283 年被处决。爱德华随后继续执行修建城堡的计划，这一计划在他第一次打败卢埃林后就开始了。这些巨大的建筑物在整个威尔士拔地而起，成为了英国统治的象征。爱德华的儿子，日后的爱德华二世正是于 1284 年出生在卡纳芬未完工的城堡中，他出生后被授予了威尔士亲王的头衔，这个头衔至今仍旧被英国王位继承人所使用。后来发生于 1287 年及 1294 至 1295 年的叛乱也被镇压了，爱德华对威尔士人的征服相当彻底，再没有叛乱发生，直到 15 世纪欧文・格林杜尔领导了最后一次大规模的威尔士叛乱。

尽管英格兰很长时间以来都与威尔士有着各种纷争，但当爱德华掌权时，它与苏格兰关系还是比较好的。1290 年，情况发生了变化。苏格兰的国王亚历山大三世在 1286 年死于一场意外，而他的女继承人，年轻的孙女玛格丽特也在 1290 年死去。玛格丽特原本要嫁给爱德华的继承人，她的死让苏格兰的王位继承变得不再明确。有很多人声称自己应该继承王位，爱德华也同意要选出最合适的继承人，他认为苏格兰是英格兰王权下的一片领地,因而他希望苏格兰人承认他作为最高统治者的位置，并对苏格兰人行使其权力。

他选择了约翰・巴里奥作为王位的合法继承人，巴里奥对爱德华表示了充分的敬意，被加冕为国王。然而苏格兰人对爱德华施行其权威的做法进行了抵抗，1295 年，他们与当时正在和英格兰交战的法国结盟。爱德华还以颜色，于次年进军苏格兰，迅速粉碎了苏格兰人的反抗，废黜了巴里奥并将其送至伦敦塔。随后爱德华在苏格兰建立起自己的政府。但是这场胜利只维持了非常短暂的时间，1297 年，苏格兰人在威廉・华莱士及安德鲁・莫瑞的领导下发动叛乱，叛军在 9 月的斯特林桥战役中获胜，但他们在次年 7 月的福尔柯克战役中被击败。在获

108
达勒姆大主教安东尼·贝克在福尔柯克战役中。此战苏格兰人被击败，威廉·华莱士被俘获

胜后的那些年间，爱德华继续征服苏格兰，于1305年又一次在那里设立了自己的政府，华莱士最终于1305年被英国人捕获，并在伦敦作为叛徒被处决。

尽管表面上看起来并非如此，苏格兰实际上并没有被打败。1306年，罗伯特·布鲁斯自立为王，向英格兰发动战争。1037年，爱德华死后，与苏格兰的战争延续到了他的儿子爱德华二世统治时期。1314年，爱德华二世进军苏格兰，在班诺克本战役中被罗伯特·布鲁斯率领的苏格兰人彻底击败。爱德华二世死后第二年，即1328年，承认苏格兰独立的北安普顿条约得以签署。但这并没有结束苏格兰与英格兰之间的战争，两国之间的斗争演化成了一系列的突袭、入侵和占领，还将持续数十年。

百年战争

在北安普顿条约签署后没多少年，百年战争就开始了。这实际上是英国跟法国之间所发生的一系列战争，从 1337 年持续到了 1453 年。英格兰和法国在 1337 年之前就发生过争执，争执内容是对法国境内的英国领地加斯科尼的控制权。法国人希望在这块辽阔而繁荣的地区行使更多的权力，与英国人就边界和居民权利等问题而产生的争执已经持续了数十年。然而，如果没有另外两个因素,这一分歧也许永远不会成为全面战争。

第一个因素是法国王位的继承权问题，在不到 15 年时间里四位法国国王——腓力四世及他的三个儿子——先后死去。爱德华三世将会是下一个王位继承人，因为他的母亲伊莎贝拉是腓力四世的女儿。然而，法国人却在 1328 年为腓力六世加冕，后者来自卡佩王朝某一庶出的分支。这后来通过引证萨利克法而被合理化，萨利克法声称王位只能由男性分支继承，因此经由女性产生的后代不能继承王位。

另一个因素则是法国跟苏格兰的结盟，1333 年英格兰与苏格兰之间再度爆发战争。法国人支持苏格兰人，苏格兰国王大卫二世因此逃向法国寻求庇护。事情随着 1337 年腓力六世没收加斯科尼地区达到白热化阶段。腓力六世登基时，爱德华并没有提出他的王位要求，但是，随着这一新的变化，他声称法国的王位理应是他的，并以此向法国宣战。

加斯科尼被法国人入侵,法国舰队恣意侵袭英国人的海岸。1339 年，爱德华入侵法国，一系列的突袭接连发生。然而，当腓力那更为庞大的法军靠近的时候，爱德华撤退了。海上的情

况则在 1340 年的斯鲁伊斯海战中达到了顶点，英国舰队与法国舰队在荷兰西南面的斯鲁伊斯港口狭路相逢，英国人歼灭了法国舰队，得以控制海峡。然而，拥有海上优势的爱德华，始终未能将其优势推进到陆上，双方在 1340 年 9 月签署了一份和约。

从 1342 年开始，双方又发生了一些小规模战斗和冲突，但并没有大规模的交锋。英国人的策略是间歇性地袭击法国人的乡村地区，系统地掠夺村庄和城镇，使当地经济变得不稳定，破坏平民的斗志并迫使法国人一直处于防御姿态。这种骚扰持

109
在 1346 年的克雷西战役中，英格兰的爱德华三世战胜了法国的腓力六世。这张来源于《法兰西大编年史》的插图，可以追溯到 14 世纪的下半叶

续贯穿了整场战争，毁坏了法国乡村的大片地区。

1346 年，爱德华三世及其子威尔士亲王伍德斯托克的爱德华，也就是后人所说的黑太子，率领大军登陆诺曼底。英国人在诺曼底沿路掠夺，身后留下一波毁灭的浪潮，直到 8 月在克雷西与法军遭遇。英国人发现自己面对着一支比自身庞大得多的法国军队，这支军队由腓力六世所领导。尽管双方人数相差悬殊，但英国人还是取得了胜利，这主要是因为他们的弓箭手们本领高强，法国人溃败了。腓力负伤后从战场中撤退，英国人向加来进发，加来受到围攻，并于 1347 年 8 月投降。然而，爱德华于 1347 年 9 月同意议和，很可能是因为缺乏必要的资金继续作战。

在第二年，黑死病摧毁了法国跟英国的人口，尽管战争仍旧持续，但都只有很小的规模。1356 年，威尔士亲王爱德华再度入侵法国。9 月，他在普瓦捷与法军相遇，在接下来的战役中，英国人取得了轰动性的胜利，在 1350 年继承其父亲腓力六世登基的约翰二世于此役被俘，英国人索要大笔赎金以交换这位国王。布勒丁尼条约最终于 1360 年达成，根据这一条约的条款，爱德华宣布放弃其对法国王位的主张，作为回报他将获得整个阿基坦以及一些法国土地的主权。然而约翰二世于 1364 年在囚禁中死去，1369 年，他的儿子查理五世重燃战火，并逼退了英国人，夺回了许多领地。威尔士亲王爱德华于 1376 年死去，他的父亲于次年死去，查理五世也于 1380 年过世。这些人的离世使得双方不得不忙于内部事务，由此开始了一段相对和平的时期，然而，这样的和平也没能持续多久。

110
普瓦捷战役是英国人的又一场大胜，法国的约翰二世被黑太子俘虏。在被囚禁期间，约翰与英国人签订的条约对法国是毁灭性的，尤其是英国人要求支付巨额的赎金
（见下页）

收复失地与百年战争的结束

在法国，查理六世继承了王位。然而，这位新国王患有不时发作的精神病，这使得他每次发作都会有几个月不适宜进行统治，他的叔叔们，勃艮第公爵腓力及奥尔良公爵路易开始争夺权力。在接下来的权力斗争中，奥尔良公爵被杀，法国局部地区陷入了支持奥尔良的阿马尼亚克派与勃艮第派的内战之中。

与此同时，英格兰也没有摆脱贵族们的权力游戏。1399 年，爱德华三世的孙子理查二世在博林布鲁克的亨利的主张之下被废黜，亨利是理查的堂弟，他登基成为亨利四世。亨利的统治充斥着暴力，他镇压了王国内部的叛乱，并处理了来自外部的威胁。他是一位成功的君主，当他的儿子亨利五世于 1413 年继承王位时，这个王国是相对和平的。

在大多数内部纷争都已经被其父亲处理掉的情况下，亨利五世得以将注意力从英国王位转向了法国。1415 年 8 月，亨利入侵法国，在诺曼底的哈弗勒尔城登陆，并成功攻陷了这个城镇。他沿用此前英军毁灭性的袭击策略，从这里进军加来。10 月，他在阿金库尔村庄附近遇到了一支法国大军，英军因疾病以及供应不足而有所消耗，已然筋疲力尽，而法国方面则派出了一支数量庞大得多且没什么损耗的军队，其中还有很多骑着战马的骑士。尽管双方实力悬殊，但战场的地形优势以及英军出众的战略——长弓手们再度大显神威——使得英国人成为了胜利的一方。人们认为，英国人在这场战役中只伤亡了数百人，而成千上万的法国人在此役中丧生。

这场战役让亨利在返回英格兰后成为英雄，而法国则变得虚弱无力，统治阶级成员大量死去，而阿马尼亚克人和勃艮第人的冲突再度兴起。亨利看到了利用法国内部冲突来夺取法国王位的机会，1419 年，在勃艮第公爵约翰被阿马尼亚克人暗杀后，他正式与勃艮第人结盟，这个联盟对英国的成功至关重要。1420 年，亨利五世与查理六世达成了特鲁瓦条约，条款规定亨利将会迎娶查理的女儿凯瑟琳，并成为法国王位的继承人。因此，法国的王储也就是查理的儿子被剥夺了继承权。亨利并没能享受胜利多久，因为他在 1422 年就死了，比查理早死了几个月。

在两位国王相继死去后，英国人控制了法国北部，勃艮第跟法国南部大部分地区都忠于法国王储。亨利的王位被他尚在襁褓的儿子继承，亨利六世的摄政们宣称，按照 1420 年条约，法国和英格兰的王位都是他的。而法国王储同样宣称拥有王位继承权，他得到了阿马尼亚克人的支持，战争重启。

1428 年 9 月，英国人开始围攻战略重镇奥尔良，由于英国人缺乏迅速攻城的力量，攻城战旷日持久。1429 年 2 月，一个年轻的农家女得到了在希农宫廷觐见王储的机会，她宣称听到了（上帝的）声音，告诉她去将英国人逐出法国，她想要领导军队。王储在那时候大概已经绝望了，他同意了她的请求。圣女贞德在 4 月抵达了奥尔良。

接下来发生的事情说是奇迹也不为过，贞德重整了法国军团，在她的带领下，法军击破了奥尔良的围困。随后，她率领军队取得了一些进一步的胜利，包括 1429 年 6 月 18 日的帕提战役，她在这里摧毁了英国军队。这些胜仗使得法国人得以进军莱茵河，而王储在此加冕为法国国王查理七世。1430 年贞德被勃艮第人擒获，他们将她卖给了英国人，英国人对其进行审

111
圣女贞德的故事太过神奇，可能是虚构的。她是一位虔诚、不识字的17岁农家女，来自法国一个小乡村，然而却被授予了一支军队的指挥权，并率军取胜。这是1505年《著名女性的生平》中描绘的圣女贞德

判，判处她异端的罪名，将她烧死在木桩上。直到25年后的重审中，贞德才得以平反。

在帕提战役战败后，英国人跟勃艮第人的联盟开始瓦解，1435年勃艮第人改变了他们的立场。法军继续征服法国境内所有被英国人占据的土地，战争最终于1453年的卡斯蒂永战役中结束，此役使英国人所占据的最后一块领地阿基坦也回到了

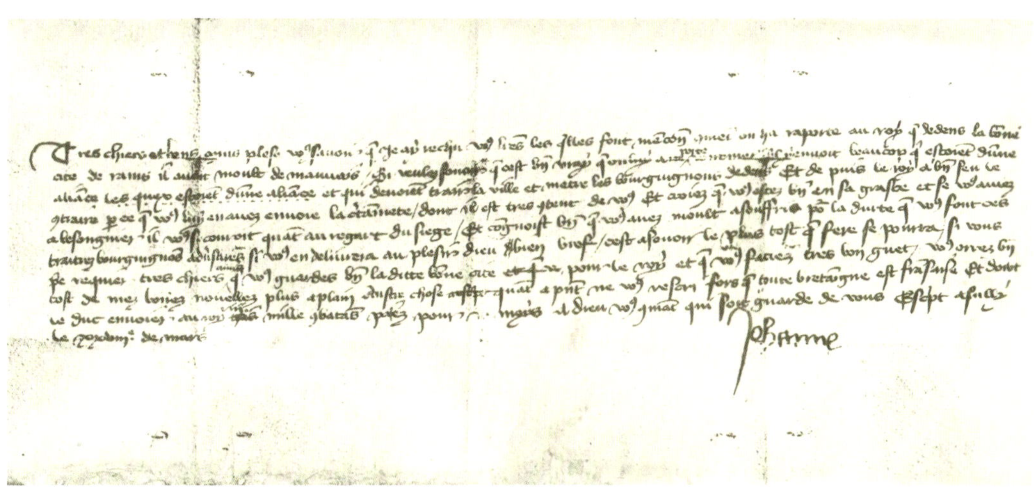

112
圣女贞德写给兰斯人民的第二封签名信，写于1430年3月28日。这是她在参加最后一系列战役之前送出的最后一封为人所知的信（翻译见221页）

法国人手中。英国人曾经所据有的大片法国土地最后只剩下了加来，他们一直占据加来直到1558年。

玫瑰战争

百年战争的结束并不意味着英格兰进入了和平时期，当欧陆上的事务似乎已经得到解决的时候，国内的麻烦才刚刚开始。亨利六世是一位软弱无能且多变的国王，他看起来继承了祖父查理六世的精神疾病，在他统治期间精神错乱频频发作，这导致英格兰被一些渴望权力的大臣们掌控。

他们灾难性的统治很大程度上导致了英国人在法国的战败，他们制定的高税收政策以及自身的腐败，引起了公民的强烈不满，使这个国家陷入了混乱无序的状态。后世所说的玫瑰战争，也就是约克及兰开斯特两大王室之间的斗争，便是以此为背景。

1453年，亨利陷入了严重的精神错乱。在亨利丧失行动能力期间，他的表哥约翰公爵理查被封为护国公。1455 年亨利恢复正常，然而他再度受到了大臣们以及专横的王后安茹的玛格丽特的影响。理查与他的支持者们在亨利恢复后不久就被清除出政府。理查拿起了武器，并开始向伦敦进军，当然他这么做应该不只是出于自卫。

113
1471 年 5 月 4 日的蒂克斯伯里战役是玫瑰战争中最具有决定性的战役之一，此战见证了约克家族战胜了兰开斯特家族，为英格兰带来了超过 10 年的政治稳定

战争的首役于 1455 年 5 月 22 日在圣奥尔本斯打响，约克家族一方在理查的领导下击败了亨利的兰开斯特军队。战役结束后，双方达成了一个并不稳定的和约，在亨利又无法执政的时候，理查再度成为护国公。然而当亨利恢复过来，他就在妻子影响下又一次将理查逐出政府。战争于 1459 年重新开始，1460 年 7 月，兰开斯特的军队在北安普顿战役中被击败，亨利在战役中被擒。双方最后达成协议，根据协议，理查将会成为亨利的继承者。

战争并没有就此停歇，在 1460 年 12 月的韦克菲尔德战役中，理查被玛格丽特王后的部队所杀。理查 18 岁的儿子成为约翰公爵，战争继续进行。1461 年 2 月，在圣奥尔本斯，兰开斯特家族在面对约克家族的沃里克伯爵时取得了又一场胜利，他们还救回了此前被擒获的亨利六世。与此同时，约克公爵爱德华正前往伦敦，并在 1461 年 2 月 2 日的莫提梅路口战役中击败兰开斯特的军队。3 月 4 日，爱德华加冕称王，随后向北行军追捕亨利及其军队。

3 月 29 日，两军在陶顿相遇，接下来发生了这场战争中最血腥的一次战役，战斗在暴风雪中持续了数个小时，最终以约克一方获胜而告终。战场以及周边地区布满了成千上万的死者或垂死之人。据估计那天有超过 2 万人死于战火，其中大多数人是在撤退的时候被残忍砍杀的，而亨利则逃往了苏格兰。陶

顿战役并未结束这场战争，1469年双方再度开战，1470年爱德华被废黜，亨利重登王座。

爱德华逃到了荷兰，1471年3月他从那里卷土重来。1471年4月他在巴内特战役中与沃里克伯爵的军队相遇，沃里克在溃败中被杀，爱德华取得胜利。同年5月，玛格丽特王后的军队在蒂克斯伯里战役中遭遇爱德华，此役她的儿子爱德华被杀，亨利六世在这场战役后不久也在伦敦塔被杀，王位没有了直系继承人。

爱德华四世的统治一直持续到1483年他暴毙身亡，他的儿子爱德华五世继承王位，他当时仅有13岁，很容易遭受政治阴谋的伤害。爱德华四世的弟弟，格洛斯特公爵理查篡夺王位成为了理查三世，并将爱德华及其弟弟送进了伦敦塔。这两个作为悲剧的“塔中王子”而被载入史册的男孩，随后不久就消失不见，据推测被理查谋杀。理查并没有统治多久，1485年另一个主张要夺取王位的兰开斯特成员亨利·都铎入侵英格兰。理查三世在1485年8月22日发生的博斯沃思原野战役中被杀，亨利加冕为国王亨利七世，他迎娶了约克家族的继承人约克的伊丽莎白，将约克和兰开斯特两个家族结合起来，结束了持续了30年的冲突。

玫瑰战争的结束宣告了一个充满生机的新时代的来临，一个以改革、政治阴谋和冲突为主题的时代，一个可能是最著名的王朝——都铎王朝统治的时代。

Chapter VI
The Dawn Of A New Age

第六章

新世界的黎明

“最高尚的快乐是理解的快乐。”

——列奥纳多·达·芬奇（1452—1519 年）

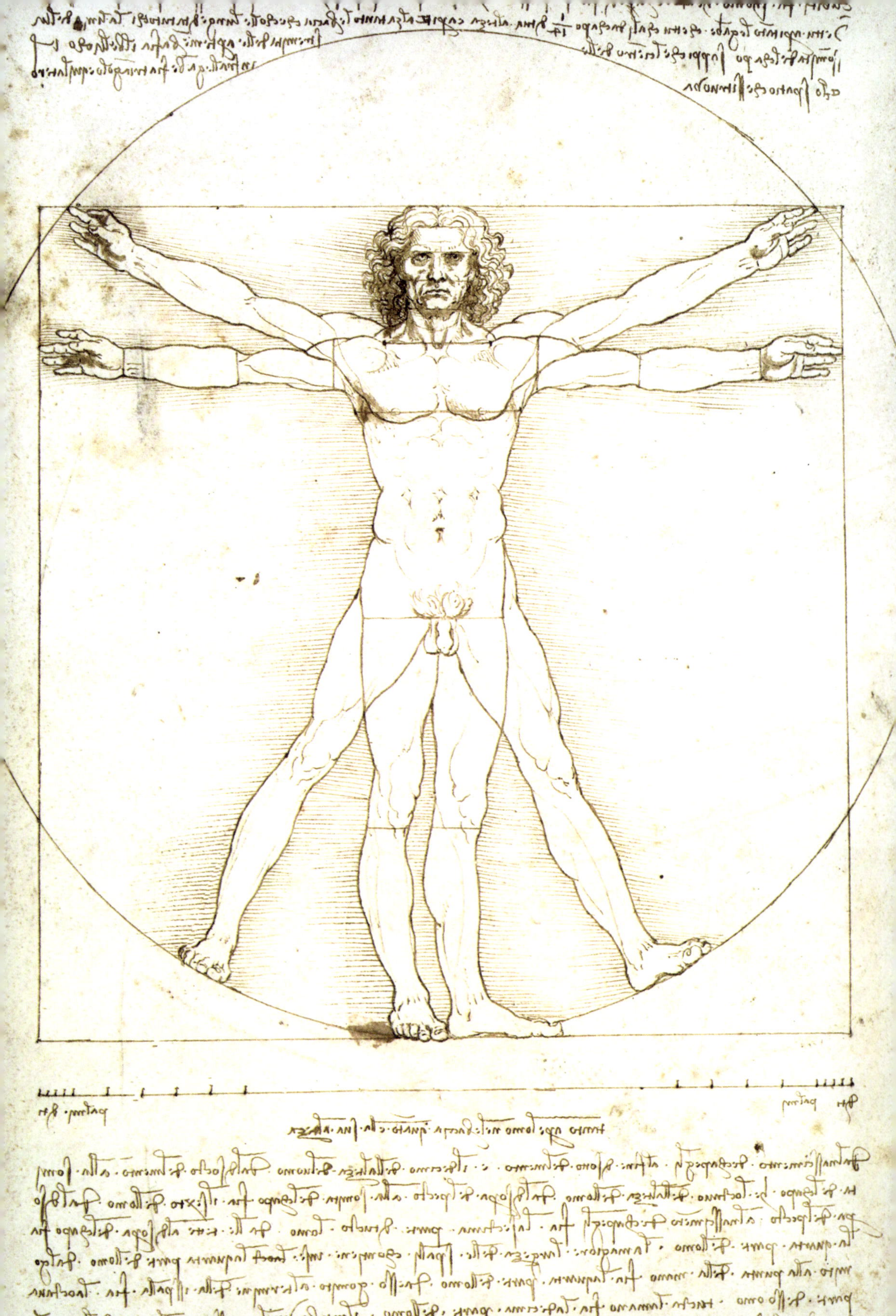

结语

中世纪通常被描绘成一个以无知、冲突、难以忍受和缺乏创新为标志的黑暗时代。然而，从简单的马项圈到蒙古人庞大的贸易网络以及印刷机这样的开创性发明，这个复杂的时代见证了那些将会在接下来几个世纪影响世界的发展，同时，它还为紧随其后的文艺复兴时代铺平了道路。

文艺复兴时期是一个发现与探索的时代，见证了欧洲及其他地区的文化和科学的爆发。探险家们，比如克里斯托弗·哥伦布和瓦斯科·达·伽马发现了富庶的新世界，欧洲开始向许多新发现的土地殖民。探险家们通过他们的旅行带回了数不清的财宝，使他们的赞助人更为富裕而繁荣兴旺。

在科学领域，人们也取得了巨大的进步。伽利略·伽利莱、艾萨克·牛顿和尼古拉·哥白尼也只是那些提出理论仍沿用至今的科学家们中的其中几位。列奥纳多·达·芬奇也许是文艺复兴时期最著名的人物，他对知识的追求似乎永无止境，超越了同时代的人。他是艺术家、建筑家和工程师，还有许多其他的职业，他还创作了一些当时最有影响力的画作——他的《蒙娜丽莎》也许是世界上最著名的一幅画。利用他的科学智慧及艺术天赋，他画出了像《维特鲁威人》这样的作品，《维特鲁威人》图解了人体的比例，展示了人体的各个部分是如何仅仅作为整体的一部分而存在的。列奥纳多和罗马的建筑师马可·维特鲁威·波利奥（画作正是以他的名字命名）都相信这样的比

114

列奥纳多·达·芬奇的素描画《维特鲁威人》是文艺复兴时期最具代表性的图像之一。它以图解方式说明了人体的比例，并显示出每个部分是整个身体的一部分

115
葡萄牙的探险家瓦斯科·达·伽马，地理大发现时期最为成功的探险家之一，他曾多次率领探险队前往印度，也是第一位经海路到达印度的欧洲人，他打开了东方与西方的一条新航路

例应该应用到建筑学中。

列奥纳多·达·芬奇只是在文艺复兴时期涌现出来的伟大艺术家、建筑师及雕刻家中的一位而已。米开朗基罗·迪·洛多维科·博纳罗蒂·西蒙尼、多纳托·迪·尼科洛·迪·贝托·巴迪和拉斐尔·桑齐奥·达·乌尔比诺（更广为人知的名字是米开朗基罗、多纳泰罗和拉斐尔）都是那个时代的代名词。米开朗基罗在梵蒂冈西斯廷教堂的画作至今仍令人叹为观止，而多纳泰罗不可思议的雕刻作品仍旧伫立在一些意大利城市，比如帕多瓦和佛罗伦萨。

文艺复兴时期并非只有艺术和科学领域繁荣发展，很大程度上由于科学和技术的进步，医学知识也得到了提高。得益于中世纪晚期印刷机的出现，医学文献变得更容易获取。由解剖学家安德烈亚斯·维萨里写就的《人体的构造》，纠正了早期医生比如帕加马的盖伦的错误，使人们对人体有了更准确的认识。

尽管文艺复兴被视为一个启蒙的时代，但中世纪过后的几个世纪仍旧饱受宗教不宽容以及无知的困扰。在西班牙，女王伊莎贝拉及国王斐迪南发起了臭名昭著的西班牙宗教裁判所，人们认为它杀害了数千个被指控为异教徒的人，其中大多数人很可能是无辜的。在欧洲，对巫术的指控和猎巫运动又死灰复燃。对女巫的审判数量急剧上升，人们相信，仅仅在这几个世纪，整个欧洲至少有 5 万人因巫术遭受处决。

116

西斯廷教堂天花板上最著名的壁画《创造亚当》，绘制于 1511—1512 年左右。对上帝和亚当几乎相触的手的描绘已经成为了一种象征，是有史以来最常被复制的艺术品之一
（见下页）

中世纪不仅为文艺复兴敞开了大门，同样还见证了欧洲结构的彻底变化。这一片曾经大部分土地都由异教的野蛮人所统治的大陆，已经变成了一些基督教国家，各自都有着与众不同的特色以及强而有力的统治者，这也为现代的欧洲奠定了基础。

部分翻译文字

第 95 页

《教皇敕令》

1. 罗马教会是上帝以一己之力建立的。
2. 只有罗马教皇当被称为普世的。
3. 只有他拥有罢黜和恢复主教职位的权力。
4. 他的使节——尽管品秩较低——在公会议上凌驾于所有主教，并且可以罢黜其职。
5. 教皇有权在当事者不在场的情况下罢黜主教。
6. 诸教众不得与受到教皇绝罚者同处一屋。
7. 只有他可以合法地根据时代的需要制定新法律、召集新的会议、任命教士团团长，并且分立富裕的主教区及合并贫穷的主教区。
8. 只有他可以使用帝国的象征物。
9. 只有教皇，诸君主当吻其足。
10. 只有他的名字应当在各教堂中被称颂。
11. 教皇之称谓专属于他。
12. 他可以废黜皇帝。
13. 如有需要，他可以在各教区间调动主教。
14. 他有权按自己的喜好任命各教堂教士。
15. 受他任命之人可以主持其他教堂的工作，但品秩不得降低；同时，此类人员不得从任何主教处接受任何更高级别的职位。
16. 没有他的命令，任何宗教会议都不得被称为普世。
17. 未经他的许可，一切宗教会议决议或书籍都不得被认作教规。
18. 任何人都无权撤销由他做出的处罚；只有他自己，可以撤销处罚决定。

19. 没有人有权对他实施审判。
20. 对于已向教皇提出上诉的人，任何人都不得做出判罚。
21. 各教堂之重大事件须提交罗马教皇处理。
22. 罗马教会从未犯过错误，并且由圣经证明，将永无谬误。
23. 罗马教皇，只要其任职符合教规，即凭着圣彼得之圣德而成为圣徒；圣恩诺丢，帕维亚主教，可以为证，众多教父亦表示同意。此条见于教皇圣辛玛古之教令。
24. 由他的命令和同意，下级教士可以合法地提起控诉。
25. 他可以不经宗教会议罢黜或恢复主教的职位。
26. 任何人如不能同罗马教会保持一致,则不能被认为是天主教徒。
27. 教皇有权解除臣民对于不义的主人所做的效忠宣誓。

第 117 页

《坎特伯雷故事集》节选

当四月带来阵阵甘美的骤雨，
让三月里的干旱湿进根子去，
让浆汁滋润草木一条条叶脉，
凭其催生的力量使百花盛开；
当和风甜美的气息挟着生机
吹进树林和原野上的嫩芽里，
年轻的太阳也已进入白羊座，
把白羊座里的一半路程走过；
当这大自然拨动小鸟的心灵，
让它们夜里睡觉也睁着眼睛，
让它们白天啼唱动听的歌声；
这时候，人们也就渴望去朝圣，
游方僧和香客就去异地他乡，
去远方各处知名的神龛圣堂。
英格兰各郡无论是东西南北，
人们特别想去的是坎特伯雷，

去拜谢荣登天堂的殉难圣徒，
因为人们有病时他给予救助。

就是在这个时节中的某一天，
我正住在萨瑟克的泰巴旅店，
满心虔诚地准备着登上旅程，
专诚去坎特伯雷大教堂朝圣。
在那天傍晚，有二十九位旅客
也来到这客店，他们形形色色，
全都是碰巧在路上萍水相逢，
现在结了伴跨着坐骑去朝圣，
而坎特伯雷就是要去的地方。
旅店的客房和马厩相当宽敞，
我们个个都安顿得十分舒适。
总之，当太阳从地平线上消失，
我已同他们每个人做了交谈，
很快就成了他们中间的一员。
大家约定好，来日上路要起早，
而路上的情形，下面我会说到。

既然现在正好有机会和时间，
那么在进一步讲述故事之前，
我觉得比较合情合理的做法
是根据我对他们各人的观察，
把我看到的情况全告诉你们：
他们是什么人，属于哪个阶层；
还要讲一讲他们穿什么服装。
现在我就从一位骑士开始讲。

第 205 页

圣女贞德写给兰斯人民的第二封信，1430 年 3 月 28 日

写给我最亲爱的好朋友们，教会参议员、市议员以及美好的兰斯城中的居民和主人们：

亲爱的好朋友们，我已经收到了你们的来信，信中提到有人告诉国王说，在兰斯这座美丽的城市里有许多邪恶。如果你想知道，事实上，据说有许多人参与了一项阴谋，他们会背叛这座城市，把勃艮第人带进城里。但后来国王知道不是这样，因为你们曾向他保证，他对你们的担保感到满意。你们要知道，你们是受国王所喜悦的，如果你们不得不卷入战争，他必在你们被围困的时候帮助你们。他很清楚，这些叛国的勃艮第敌人给你们带来的苦难，你们要承受的痛苦是巨大的，所以，如果上帝高兴，他很快就会把你们救出来的——也就是说，他将尽其所能，越快越好。所以，亲爱的朋友们，我祈祷并请求你们为国王保卫这座城市，并保持警惕。我言尽于此，唯一要说的还有，整个布列塔尼都是法国的，公爵必须向国王遣送三千名士兵，并支付两个月的军饷。我将你们交托给上帝，愿上帝守望你们。

3 月 28 日写于苏利
贞德

扫码添加智能阅读向导，为你提供本书专属服务
全景式还原中世纪历史
再现古欧洲的生动细节
微信扫一扫
探秘中世纪